A. G. Sertillanges

LO QUE JESÚS VEÍA DESDE LA CRUZ

Traducción de Juan Collado

DIDACBOOK
Editorial

Lo que Jesús veía desde la Cruz se publicó en francés en 1930, bajo el título original de *Ce que Jésus voyait du haut de la Croix*. La primera edición inglesa fue publicada en 1948, bajo el título *What Jesus Saw from the Cross*. En esta edición española, la primera que se publica de este título, se han utilizado ambos textos y se ha buscado adaptar el lenguaje a un castellano moderno para facilitar su lectura.

© Didacbook, 2025
c/ Sagasta, 6
23400 – Úbeda (Jaén)
www.didacbook.com

Edición a cargo de Ricardo Regidor

Traducción: Juan Collado Pérez

Diseño de portada y maquetación: José María Vizcaíno.

ISBN: 978-84-17855-41-3

Depósito Legal: J 129-2025

Índice

Prólogo

San Pablo nos invita a «revestirnos del Señor Jesucristo»[1]. Lo dice en un sentido espiritual y el alcance de tales palabras es inmenso. Nosotros vamos a reflexionar mucho sobre esto, pues quizá «revestirnos del Señor Jesucristo» sea posible en otro sentido y no desprovisto de eficacia.

Podemos *revestirnos de Jesucristo* con la imaginación, situarnos, no ya al pie de la cruz o enfrente, sino sobre ella, inclinar la cabeza bajo la inscripción trilingüe, ponernos en la cabeza las espinas, recibir los clavos, sentir el frío y la rugosidad de la madera entre los hombros y, finalmente, al hacer nuestro el marco de visión y de emociones de nuestro Señor, poder llegar a ver a través de sus ojos, entrar en su corazón, y recordar y considerar con Él, de tal modo que podamos decir que «ya no vivimos nosotros, sino que Cristo vive en nosotros»[2].

Me ha venido todo esto a la cabeza en un lugar preciso y muy evocador de Jerusalén, durante uno de los frecuentes viajes que he hecho allí.

Sobre la terraza de los ortodoxos que domina el atrio del Santo Sepulcro, a algunos pasos de la gran cúpula, se alza una pequeña cúpula de piedra coronada por una cruz. El acceso a ella es fácil y uno puede apoyarse ahí y quedarse durante un tiempo. Y si desde allí nos volvemos hacia Jerusalén, que se extiende ampliamente ante nosotros, tenemos ante nuestros ojos el mismo panorama que contempló el divino Maestro, si bien algo cambiado debido al paso del tiempo.

---

1 Cf. Rm 13, 14.

2 Cf. Ga 2, 20.

Según las investigaciones de los que mejor conocen la arqueología de los Santos Lugares[3], la cruz de hierro de esa cúpula se encuentra apenas a uno o dos metros de distancia del lugar que ocupaba el divino rostro... No hay nada tan impactante como este pensamiento, y cuando se tiene la suerte de pisar esas losas trágicas, es fácil acordarse de las palabras de san Cirilo de Jerusalén mientras predicaba en el Santo Sepulcro: «¡Cuántos hay que no pueden más que oír, mientras que nosotros vemos y tocamos!».

El escenario de la crucifixión está hoy en día algo revuelto. Desde el sencillo promontorio en el que tengo mi puesto de observación, puede comprobarse fácilmente; pero podemos recrearlo sin demasiado esfuerzo, aunque es cierto que nos quedan algunas dudas, ¡y qué angustiosas! Por ejemplo, ¿quién puede quedarse tranquilo de que no se pueda trazar con exactitud la *vía dolorosa*?

El resto de los lugares sagrados son, afortunadamente, conocidos. Las grandes líneas se establecen por medio de este cinturón de colinas que rodean al Gólgota; los montículos del suelo, los valles cubiertos en parte, pero claramente discernibles, subsisten; los caminos se imponen por los movimientos del terreno y por direcciones inmutables. Las ruinas visibles aquí y allá, las excavaciones diligentes realizadas en estos últimos tiempos, las comparaciones de los textos y los hechos permiten reconocer e incluso acotar exactamente el lugar de los acontecimientos. El escalofrío de lo real podrá conmovernos.

Abramos entonces sin más demora, abramos piadosamente, con Jesucristo, los ojos del cuerpo y los ojos de nuestra inteligencia. Ciñámonos, al «revestirnos del Señor Jesucristo», con sus pensamientos y su corazón. Quizá así el mundo invisible en el que se mueve su alma se nos aparecerá con más fuerza; quizá se nos dará una gracia de identificación con Él más íntima.

Jerusalén, 1923

---

[3] Cf. los trabajos del Rvd. P. Hugues Vincent, O. P., autor de toda la sección de arqueología y de parte de las investigaciones históricas de la gran obra publicada por la editorial Gabalda: *Jerusalem, recherches de topographie, d'archéologie et d'histoire*, PP. Vincent, Hugues y Abel, Félix-Marie, O.P.

1. El puesto de observación

Son alrededor de las doce del mediodía –la hora más calurosa en Jerusalén– cuando Jesús sale del pretorio. Es un día de primavera, entre el 20 de marzo como muy pronto y el 17 de abril como muy tarde, pero la primavera palestina tiene poco que ver con la europea. En Palestina, la primavera es una estación de clima cambiante; un día puede hacer un tiempo espléndido y, al siguiente, puede llegar una nevada o una ola de calor sofocante. Es la época del *jamsin*, el viento cálido y desmoralizante que sopla del sudeste.

Jesús carga con la cruz. Probablemente, lleve colgando del cuello el letrero, escrito con tiza, que después clavarán sobre el madero para dar cuenta de la naturaleza de su delito. Le precede un centurión a caballo y le escolta un grupo de soldados. Lleva de acompañantes a dos ladrones que han sido condenados a ser ejecutados junto a Él. Le rodea una muchedumbre que lanza miradas inquisitivas o, directamente, hostiles.

El camino discurre cuesta abajo por la ciudad, unos ciento cincuenta metros si fuera en línea recta, pero bastante más distancia al recorrer una red de callejuelas angostas. A continuación, la ruta comienza a ascender, siempre de modo sinuoso, haciendo que la distancia total sea de casi medio kilómetro. La procesión llega entonces a la puerta de Efraín, conocida también como la puerta de la plaza, ya que mira hacia una explanada al aire libre, delimitada por la esquina que forma la muralla en ángulo recto. Esta plaza se convertiría más tarde en el foro romano.

La puerta de Efraín forma un resalto con forma de uve en la muralla, de manera que el acceso es de norte a sur y la salida, de este a oeste. Una decena de peldaños remata la cuesta. Resulta interesante destacar que, en un convento ortodoxo de las inmediaciones, se conserva un antiguo escalón que Jesús podría haber pisado mientras cargaba con la cruz.

Inmediatamente después de cruzar el umbral, Jesús se encontró cara a cara con la que iba a ser su tumba.

No se trata de una imagen sombría, pues las tumbas eran por aquel entonces algo común en las parcelas de los ricos. La puerta que se situaba entre la de Efraín y la de Jafa se llamaba la puerta de los jardines y, de hecho, todas las laderas del Gareb (la colina que se hallaba enfrente) estaban cultivadas. La mayor parte de la vegetación la formaban los olivos, aunque también había cítricos, higueras, nogales y granados. En las ramas de estos árboles anidaba un gran número de pájaros. Las golondrinas y los vencejos pasaban allí la primavera, junto con gorriones, avefrías, cucos, zorzales y tórtolas. Tampoco faltaban flores. Las brisas húmedas de marzo las hacen pulular, incluso en este país de piedras grises. El suelo estaba alfombrado por ciclámenes, las flores propias de un suelo rocoso; narcisos silvestres, lirios, hinojo, amapolas y margaritas. Destacaba en especial la anémona roja, que quizá fuera el «lirio del campo» que rivalizaba con el esplendor de Salomón. Es una flor que refleja la luz al estilo de una vidriera cuando el sol brilla sobre ella, pero que, a la sombra, tiene el color apagado de la sangre reseca.

Allí están también las famosas flores del Calvario: aquellas florecillas diminutas que parecen inmortales, pues brotan hoy en día en los mismos lugares donde lo hacían en los tiempos pasados. Jesús, a quien le agradaban estas flores, mezcló su sangre con los tonos color carmesí de estos pétalos en su camino al Gólgota. El legendario petirrojo, las meditabundas palomas de las que habla el salmo, y puede que hasta el búho, atraído por la enorme oscuridad que se ceñía en el cielo, estaban allí para aliviar a Jesús en la hora de su muerte.

En una ocasión, yo me encontraba en mi lugar preferido de la ciudad (la terraza que mencioné anteriormente), aproximadamente a las tres de la tarde de un Viernes Santo. Desde allí, vi una bandada de golondrinas, todas muy juntas entre sí, que surcaban los cielos y llenaban el aire con sus cantos. La pequeña cruz de hierro que se alza hoy en el sitio donde estuvo en su día aquel patíbulo, se vio envuelta en el entramado de sombras que dibujaba el vuelo de las golondrinas. Los cantos estridentes y fugaces se entremezclaban entre sí por doquier. Era un festival y, a la vez, un recordatorio de la muerte. ¿Quién sabe si Jesús, en lo profundo de su agonía, oyó y acogió con una sonrisa triste el delicado cántico de otras golondrinas como aquellas?

*   *   *

Hemos hablado del Calvario, pero no hemos aclarado aún la situación de este «monte» que ocupa un lugar tan importante en nuestra devoción. Difícilmente lo encontraremos por nuestra propia cuenta. Incluso al peregrino en Tierra Santa, a no ser que se le avise de antemano, le resultará complicado por más que se sitúe en la explanada medieval que conduce hacia él.

Lo que ocurre es que el Calvario no es ningún monte. Ni siquiera se puede hablar de una colina, a menos que se le quiera subir de categoría a lo que es poco más que un montículo en el campo.

El Calvario es hoy una capilla. Antes de las remodelaciones hechas por la piedad de Constantino y de los fieles en la Edad Media, era una ligera protuberancia rocosa que esculpía al este la colina de Gareb. Estas elevaciones eran frecuentes en las laderas de las colinas de Judea; pero esta en concreto era peculiar, lo que seguramente le había hecho recibir por excelencia el nombre de Gólgota, lugar de la Calavera, *Calvaria* en latín. No es porque su forma se parezca a la de un cráneo, como algunos creen, sino porque en el vocabulario tan gráfico de las lenguas orientales, la palabra cabeza, o cráneo, se emplea para nombrar a los salientes de la tierra en relieve, sea cual sea su forma, una elevación lateral o un desnivel.

Si la explanada de cincuenta y cinco metros de longitud que hay delante de la Puerta de Efraín no hubiera sido aplanada (y, de hecho, aunque lo estuviese), la subida al Calvario habría sido casi imperceptible. Este montículo calcáreo se elevaba a poco más de cinco metros sobre el nivel de los caminos que serpenteaban a su

11

pie. Si observamos la cara oeste, se yergue de manera algo abrupta. En cambio, las laderas este y sudeste, desde donde se acercó Jesús, no son tan empinadas.

No obstante, desde el puesto de observación de Nuestro Señor se domina la ciudad. Cuando se alzó el madero, su punto más alto estaría a otros tres metros más sobre el nivel del suelo, y la mirada del Crucificado abarcaría el horizonte al completo.

Delante de Él, a unos setenta y cinco metros de distancia, Jesús vería la puerta de Efraín; el Templo, a cuatrocientos cinco metros de distancia; la fortaleza Antonia, a trescientos cincuenta metros; y, a unos seiscientos ochenta metros, la gran esquina sudeste del Templo, o el «pináculo» desde el que Satanás quería que Jesús se dejara caer.

Luego, vería el campo que rodea a la ciudad. Al norte y al noreste, más bien hacia el norte, se extienden las laderas de Nabi-Samuel, el «lugar en alto» de Gabaón, donde Salomón tuvo el sueño de la sabiduría, y donde la desdichada Rispá protegió a sus hijos de los buitres. A continuación, podría ver la ciudad Masfá, donde los fieles Macabeos rindieron culto a Dios mientras aguardaban a entrar en Jerusalén.

Justo al noreste se encuentra el monte Scopus, donde Alejandro Magno tembló en cierta ocasión ante la presencia majestuosa del sumo sacerdote, y donde Cayo Cestio Galo y Tito acamparon cuando los días de Israel llegaron a su fin. También fue el monte desde el que, más tarde, las tropas de Godofredo de Bouillón se abrieron camino en un acercamiento solemne a la ciudad que había sido objeto de deseo y de asombro desde los días de los reyes Nabucodonosor, Senaquerib y Teglatfalasar.

Al este, se halla el monte de los Olivos, al que le corresponde un lugar importante en la vida de Jesús, debido a los recuerdos que evocan los huertos a su pie, sus laderas, su cima, los alrededores, pueblos y caminos. Y, por ello, es necesario que nos detengamos en él en las páginas siguientes.

A la derecha del monte de los Olivos, cruzando el arroyo Cedrón, se extiende un terreno desierto y árido. Y más allá, se puede oler ya el mar Muerto y contemplar la sucesión ininterrumpida de las montañas de Moab, junto con la hilera de bruma que se eleva de las aguas caudalosas que corren a sus pies. Allí se encuentran los recuerdos del gran ayuno, del Bautismo y la voz del cielo. Allí está el monte Nebo, desde donde Moisés vio la Tierra Prometida a lo lejos; Maqueronte, con la cabeza de Juan el Bautista presentada sobre la bandeja, como si estuviese envuelta en una aureola. Allí están también las cuevas que daban refugio al chivo expiatorio, perseguido por los delitos de Israel, como Jesús lo fue por los nuestros.

Más cerca, y también mirando hacia el este, se alza el monte Moria, el pedestal del Templo, que se extiende hacia el sur bordeado por los valles del Tiropeón y de Josafat, lugar, este último, de la «Ciudad de David».

En el horizonte de esta tierra inmortal, está la aldea de Siloé, el antiguo lugar de enterramiento de los judíos; y, más allá, el monte del Escándalo, donde se perpetraban las «antiguas abominaciones».

Al oeste, se ciernen sobre el paisaje unas colinas altas que conducen hasta lo que hoy en día se llama monte Sion y delimitan, describiendo curvas, el valle de Hinón, también conocido por el nombre de Gehena.

Así es el lugar donde Jesús vino a encontrarse con la muerte.

Hasta el momento, las vistas han sido agradables y el cielo ha estado despejado, pero sabemos que, pronto, una nube oscura cubrirá toda la tierra. En Palestina, la noche primaveral suele caer así de temprano, después de horas de un sol radiante. Cuando sopla el temido viento del desierto, las densas nubes se juntan, abatidas por las pesadas alas del demonio de la Estigia asiria, y se libra un combate en las alturas entre el viento del oeste, frío y húmedo, y el cálido aliento del Néyed. Y por un tiempo, reina la oscuridad, a imagen de lo que sucedió, por intervención de la divina Providencia, en el momento de la gran muerte.

*   *   *

Y aquí se alza la cruz. Es un madero vertical unido en ángulo recto a un travesaño. Probablemente tenga unos tres metros de alto. A Roma le gustaba exhibir la condena de sus delincuentes, para que sirviese de ejemplo. Jesús hace referencia a esto cuando dice: «Y yo, cuando sea levantado de la tierra, atraeré a todos hacia mí»[4]. Él convierte en instrumento de su gloria aquello que está pensado para la ignominia.

El madero no podía ser demasiado largo, puesto que tenía que ser grueso y, además, al delincuente se le obligaba a cargar con él. Por lo tanto, su peso debía tener unos límites. Asimismo, existían algunas condiciones para mantener el agarre y el equilibrio. Era posible cargar el travesaño al hombro, pero arrastrar el madero por el suelo habría sido impensable.

Probablemente, el patíbulo contaría con un saliente de madera a cierta altura sobre su base. Esta pieza, la *antenna*, formaba una especie de silla con la función de evitar que las manos y los pies se desgarraran a causa del peso del cuerpo, aunque este detalle no es del todo seguro[5].

A veces, los pies de Cristo se representan como apoyados sobre un escabel inclinado. Esto corresponde a una invención piadosa para la que no hay ningún fundamento. A Jesús lo debieron de clavar con las piernas lo suficientemente levantadas como para que los pies quedasen planos sobre la madera. Es una postura espantosa, pero esta misma razón hace que sea aún más probable.

¿Qué tipo de árbol tuvo el privilegio de proporcionar la madera sobre la que debía colgar el fruto más preciado del mundo? No se sabe a ciencia cierta, aunque lo más probable es que fuese una conífera.

Una leyenda cuenta que el árbol se taló en un valle al sudoeste de la ciudad, perteneciente en la actualidad al monasterio ortodoxo de la Santa Cruz. Sin embargo, son tantas las leyendas pueriles que

---

[4] Jn 12, 32.

[5] El uso de esta pieza ha dado lugar a la siniestra expresión «montar en la cruz» (*equitare crucem*).

crecen en torno a este lugar que cuesta tomarla en serio. El sitio es bello, la evocación es conmovedora; la pintoresca construcción hace que uno se remonte a las edificaciones y decoraciones de los siglos quinto y sexto, pero eso es todo. De hecho, resulta difícil pensar que alguien pueda responder a esta pregunta. El pretorio albergaba una colección entera de cruces, pero ninguna de ellas tenía una etiqueta que indicase de dónde venía.

La liturgia muestra una mejor fuente de inspiración cuando se abstrae del origen material de una madera que está tan impregnada de significado espiritual:

> «¡Oh Cruz fiel, árbol único en nobleza!
> Jamás el bosque dio mejor tributo
> en hoja, en flor y en fruto.
> ¡Dulces clavos!
> ¡Dulce árbol donde la Vida empieza
> con un peso tan dulce en su corteza!»[6].

Las entrañables reflexiones místicas del himno son más atractivas que cualquiera de las historias que cuentan cómo Lot plantó un árbol hace siglos o cómo la reina de Saba dio con el árbol que se usó para construir el umbral del templo de Salomón, y otras fantasías similares.

Cuando hablamos de la madera de la cruz, no pensamos ni en su origen ni en su ubicación. Su sitio es el universo y su origen se remonta al «día sexto», a no ser que prefiramos decir que la cruz se encuentra y crece en el corazón de cada cristiano cuando se une al Divino Maestro. La cruz es necesaria para la salvación del mundo. ¡Dichosa la tierra, dichosa el alma que está dispuesta a pagar su precio!

*   *   *

---

[6] Himno para el Viernes Santo.

Después de explicar la situación del Calvario y describir la cruz, nos hacemos la siguiente pregunta: ¿en qué dirección miraba Jesús? Algunos autores místicos afirman que la cruz estaba orientada hacia el oeste, es decir, la «des-orientan». Su idea es que la mirada regeneradora se vuelve hacia un nuevo pueblo, abandonando a Israel y a la Antigua Ley. Esta teoría, aparte de estar hecha *a priori* y con sesgo, carece de fundamento si tenemos en cuenta la ubicación del Calvario.

Al salir por la puerta de Efraín, se observa de frente el monte Gareb, del que el Calvario es una pequeña estribación. Decir que el patíbulo miraba al oeste significaría ubicarlo frente a las montañas y ocultarlo de la vista de la gente: de los haraganes de la puerta y los gandules de la explanada, de los transeúntes que se encontraban en grandes números en los cruces de los caminos, de la gente que se apiñaba en todas partes, los que acampaban al aire libre en las tiendas montadas para la fiesta... A todos ellos se les habría dado la espalda. El escarnio público que se hacía de la víctima se vería frustrado. Habría sido más costoso alzar el patíbulo y supervisar la ejecución. En cualquier caso, habría sido un mal proceder.

No, Jesús estaba de cara a la puerta por la que había salido, la que cruzaban los que le insultaban y los que ansiaban el espectáculo. Él se ofreció a aquellos que le odiaban y se burlaban de Él. Se puso a disposición de sus verdugos. Y, si lo queremos justificar así, el Hombre Nuevo miraría a los orígenes, a los confines de la tierra de la que surgió la civilización, junto con la luz. Al igual que el ábside de una iglesia mira hacia el resto de la ciudad, Jesús tenía frente a sus ojos las murallas de un mundo que había traspasado, pero no abandonado. Su última mirada saludó al Templo, a la casa del Padre y al sol naciente.

Ahora la cruz ya ha quedado alzada en su sitio, mirando en la dirección correcta, de acuerdo con todas las indicaciones. El suelo calcáreo ofrece un buen agarre, que sostiene en vertical al madero, y el letrero con la inscripción remata ya el patíbulo. Han despojado a la víctima de sus vestidos, la han atado a la cruz y, después, la han clavado a esta. La corona se la dejaron sobre la cabeza. Probablemente lo hicieran en alusión a lo escrito en la desdeñosa inscripción; pero, en realidad, esto consagraba a Jesús como rey de los corazones y rey del universo.

Los primeros espasmos sacuden a un cuerpo ya maltrecho a causa de los azotes y de una noche de tormento sin clemencia. A duras penas, han alzado a la víctima sobre el patíbulo. La sangre corre en finos hilos desde las manos y los pies, le sale de la frente y atraviesa el pecho y las extremidades, junto con las marcas de los latigazos. La postura cruelmente tensa en la que se encuentra no le permite realizar ningún movimiento. Sin embargo, el alma se encuentra libre de estas restricciones, y los grandes estremecimientos que sufre el cuerpo no afectan a la mente, que se halla en plena posesión de sus facultades.

Le queda aún por vivir un poco más de esta gran vida, una vida que abarca, desde los estrechos confines de Judea, todo el universo. Uno o dos gritos más y unas palabras de poder soberano. Otro lamento, que pide la compasión del cielo y de la tierra. De la tierra, para resarcirla con misericordia hacia nosotros; del cielo, para concedernos sus bendiciones. Y, en medio de todo esto, se alza esa mirada que ve más allá de todas las cosas, esa mirada que debemos seguir tan lejos como podamos, aunque se extienda infinitamente más allá de nuestra vista, pues pasa por encima del mundo visible e invisible para penetrar en sus fuentes, en las profundidades de Dios.

Tras alzar la cruz, el Calvario se detiene durante un instante, inmóvil y escandalizado ante aquel espectáculo de dolor supremo. Esta reacción inevitable afecta incluso a los verdugos. Pero, sobre todo, afecta al ajusticiado. Después del terrible impacto de la cruz al insertarse en la hendidura de la roca, que provoca una sacudida a lo largo del madero y de las extremidades de la víctima, el crucificado recibe, como si fuese una especie de alivio, la continua y lenta agonía que padeció entonces y que solo más tarde alcanzará el paroxismo.

A través de este silencio furtivo se escucha, de manera irregular, el bullicio de la ciudad. Los rebuznos de los asnos llenan el vacío que dejan los enmudecidos blasfemos y los camellos, cargados de mercancías, recorren con paso altivo el camino de vuelta a Jafa o a Damasco. A lo lejos, el viento levanta áridas nubes desde las dunas, Moab se envuelve en una niebla malva, las higueras exhalan un perfume meloso y, al pie de la cruz, los pétalos rojos crecen y se multiplican paulatinamente. La mano de la muerte, que vacila por un momento, suaviza levemente la presión ejercida sin clemencia sobre el pecho de Jesús.

EL MAESTRO ABRE LOS OJOS

2. Sion

Todo lo que se extiende bajo la primera mirada de Jesús le habla de la obra de su Padre y de los comienzos de su propia obra. Pero creo que hay un lugar particularmente misterioso que atrae y retiene su atención de un modo especial, pues sirvió de punto de partida para el transcurso de los siglos.

Allí, más allá de las murallas y de la explanada del Templo, entre la actual mezquita de Al Aqsa y el valle de la Gehena, encontramos un terreno empinado y angosto que recibe el nombre de Ofel. Consiste en un cerro o un collado de aproximadamente ocho hectáreas. De esa superficie, cuatro hectáreas y media se extendían desde el pie del cerro hasta la fuente de Guijón, hoy en día la fuente de la Virgen. Ahora bien, este último terreno (o, para ser más exactos, la mayor parte de él, que formaba una ciudadela), tenía hace tres mil años un nombre que estaba destinado a extenderse por los confines de la tierra y a gozar de una transcendencia eterna, de acuerdo con uno de los significados que se le atribuirán. Tenía por nombre Sion.

Sí, la «ciudad de David», como se la llamó después de la hazaña de Joab, o la «capital del Rey de los siglos», como la llamaría más tarde san Juan Crisóstomo, tenía alrededor de ciento cincuenta metros de ancho si medimos el recinto interior. El único suministro de agua era la fuente de Guijón, por lo que se había cavado un canal secreto o *sinnor* con el fin de evitar que, en caso de sitio, la población se viera desprovista de esta indispensable fuente situada extramuros. Fue por ese túnel secreto por el que un solo hombre, atraído por las promesas de David, logró tomar la «inexpugnable» y minúscula ciudadela.

A veces, los grandes nombres se les ponen a las cosas más pequeñas. En un principio, el nombre de Sion hacía referencia tan solo a esta pequeña ciudadela. Más tarde, por extensión, pasó a denominar también al pueblo, si es que podemos darle el nombre de pueblo a las dos hectáreas que ocupaban un montón de chozas imposibles de distinguir de las laderas sobre las que se erguían. Un cúmulo de chozas grises construidas sobre la tierra gris, como un hormiguero, pero sin el esplendor del prado.

No nos dejemos decepcionar ni sorprender por ello. La vida por aquel entonces en esas regiones (e incluso hoy en día) no tiene nada que ver con lo que nuestra civilización occidental pueda imaginar. La vida se hace al aire libre. La gente se encuentra en la puerta de la ciudad para negociar y se disemina por los valles y las pendientes para trabajar. Duermen bajo las estrellas o al abrigo de las rocas, en cuevas naturales o incluso en antiguos sepulcros. Solo entran en casa de vez en cuando, cuando hace mal tiempo. Entonces, la gente se encierra dentro de sus hogares.

Las únicas personas que disponen de un alojamiento en el sentido moderno de la palabra son las autoridades sociales y la divinidad. Residen en la ciudadela, que es, al mismo tiempo, un templo y un palacio. En estas condiciones, no será necesario construir grandes espacios. Cuando la naturaleza se muestra benigna y se presta a la conveniencia de los seres humanos, como lo hace en estas regiones del mundo, las casas se conciben como refugios más que como moradas. El campo se extiende por doquier, así que la choza, de la que se hace poco uso, se reduce al mínimo. Como el desierto es inmenso, la guarida del león no tiene más que lo necesario.

Contempla, oh, Maestro, la tierra en la que se plantó esta raíz de Jesé de la que saliste. Mírala ahora, humilde y escondida detrás de los majestuosos edificios de Herodes. La historia que allí comenzó estaba destinada a no acabar jamás. En su transcurso, tu cruz se habrá de alzar para llegar hasta los confines de la tierra, incluso hasta Dios. La Trinidad lleva el signo de la cruz. Los cristianos hacemos la señal de la cruz en el nombre del Padre, del Hijo y del Espíritu Santo; la historia del mundo se inserta en la historia de Dios a través de la cruz.

Realmente, aquel pequeño cerro posee una grandeza propia, a semejanza de la hazaña davídica: aquella piedra lanzada con la honda en un gesto casi pueril que fue capaz de derribar a un gigante. Con epicentro en Sion, un lugar sin extensión apenas, se desencadenará una vibración que se propagará por todo el espacio y por todos los siglos.

La grandeza no está en la extensión. Si pensamos en monumentos como el Partenón, el Panteón de Agripa, el Patio de los Leones o la Sainte Chapelle, no tienen dimensiones excesivas. Menos espacio aún ocupan los *Pensamientos* de Pascal o el lienzo de *La visión de Ezequiel*, de Rafael de Urbino. Sion se convierte en ciudad universal y en punto de encuentro de los corazones religiosos de todos los tiempos desde el momento en el que se anunció la venida del Hijo del Hombre, desde el momento en el que la cruz se alzó con su «dulce carga» y proyectó su sombra sobre la ciudad.

¡Pequeña tierra, más grande que el mundo, tú contienes y nos donas la eternidad!

*   *   *

Desde cualquier lugar de la ciudad de David, dominada por el monte Moria y las terrazas de Salomón, se podía ver la casa de Yahvé, de la misma forma que, desde el pie de un glaciar de los Alpes, se pueden contemplar las nobles cumbres que lo coronan como torreones. El fiel israelita solía decir de Sion: «Dios está en medio de ella»[7]. Al igual que la toma de la ciudad por parte del hijo de Jesé hizo que se llamara la ciudad de David, la conquista por Yahvé le dio el nombre de Ciudad de Dios. De ahí que el salmista exclame con júbilo: «La más bella cima, gozo de toda la tierra, monte Sion, arcano del Norte, ciudad del gran Rey»[8].

Israel es consciente de ser el pueblo de Dios y atesora promesas difíciles de entender, que serán interpretadas a menudo en un sen-

---

[7] Sal 46, 6 *et passim.*

[8] Sal 48, 3.

tido material. Sin embargo, algunas almas escogidas (en ocasiones, las almas más pobres) lograrán comprender el significado espiritual de estas promesas.

Esta es la clave para entender la historia de Israel, esa historia tan paradójica de un pueblo sin extensión que llena todo con su presencia y brilla sobre el género humano. Incluso al no creyente, el misterio de Israel le resulta un escollo difícil de eludir. Una corriente atraviesa su historia y un propósito desconocido la dirige. No sabe adónde va, pero a medida que camina nos lo dice, aunque no comprenda el significado de las profecías. En esta historia, el acontecimiento más humilde toma un sentido moral tan alto que se convierte en símbolo para la eternidad. En ella, cielo y tierra se unen sin cesar. Aquello que podamos encontrar de pueril o de atroz a cada vuelta de página se alía con lo sublime y lo milagroso. Es una «historia santa», aún cuando parezca estar sumida en el horror.

Encontraremos todo tipo de contradicciones en esta serie de acontecimientos, porque son inherentes al principio humano del que Dios se sirve como instrumento y cuya naturaleza no altera. Un pueblo que era al mismo tiempo valiente, turbulento, inquieto, violento y débil; un pueblo de idealistas y de rebeldes, de mercaderes y sacerdotes, de pequeños prestamistas y de héroes; un pueblo esclavizado y soberano; rutinario, mas pionero de nuevas tierras; realista, y en busca de un Edén; un pueblo estrecho y universal; sórdido, pero protector de los pobres; andrajoso, pero enorgullecido de manera sobrehumana; profético, pero asesino de profetas; un pueblo que venera los oráculos, pero da muerte a los que los pronuncian; infiel en el nombre de una rígida fe en su destino; solía ser amigo de sus asesinos y siempre fue asesino de sus amigos: así es Israel.

A pesar de la fuerte convicción en la gran misión que se le encomienda, Israel falla una y otra vez. Es de carácter irreprimible hasta rayar el heroísmo, nadie es capaz de obedecer de forma tan servil ni tan abyecta. Israel es en esencia un pueblo conservador, no evoluciona, dice siempre las mismas cosas, repite los mismos gestos. Prefiere entrelazar palabras contradictorias a perder una sola frase de sus libros. Practica siempre los mismos rituales, en público o en privado, y se deja guiar por los mismos pocos sentimientos. Y aun así, cree que vendrá una edad de oro. A diferencia de los que sitúan la edad de oro únicamente en el pasado, Israel la vislumbra también en el futuro. Y esa esperanza inspira sus heroicas gestas y sus cantares.

Israel es el guardián del monoteísmo. Sin embargo, se vuelve constantemente a los ídolos y se inclina a los múltiples cultos de sus vecinos. Las profecías condenaron estas prácticas, sabiendo que la salvación moral y nacional de Israel depende únicamente de Yahvé. Desde la época de Salomón, en un gesto de complacencia hacia las mujeres del concupiscente monarca, Israel toleró los lugares de culto paganos en las cercanías de la necrópolis. El monte del escándalo es prueba de ello. Allí, a pesar de las repetidas protestas de los profetas, se dispusieron jardines sagrados con empedrados para el culto, árboles decorativos y nichos practicados en las rocas que albergaban a las imágenes paganas.

Las terribles amenazas de Jeremías tendrán otro objeto más; este profeta dará curso a su cólera y hará alusiones espantosas pensando no ya en el monte, sino en el valle del escándalo. El valle de Hinom, al que llamamos Gehena (Ge-Hinom), fue abandonado en época de Ajaz –y de nuevo bajo el reinado de Manasés– al culto de Moloch. Una religión feroz que comportaba sacrificios de niños inmolados en el fuego, de ahí el nombre de Tófet, o cúmulo de cenizas, que se le dio a este lugar de infamias. Jeremías anunciaba que pronto se le llamaría «valle de la matanza».

Aun así, a pesar de estar rodeado de pueblos panteístas, politeístas y fetichistas, Israel preservó la fe en el Dios único y verdadero. Se encargó de transmitirla intacta a las generaciones venideras. Sus muchas faltas sirvieron para poner el énfasis en la misión que debía cumplir; y también fueron ocasión para que muchos otros enviados se pronunciaran de manera más clara y precisa. Israel promulgó la ley, las promesas y las esperanzas. Consciente de tener un pacto, que rompía y renovaba, aunque acaba siendo infiel, Israel será el mediador de un pacto eterno que acogerá en él al resto de la humanidad y estará llamado a extenderse por todo el mundo.

*   *   *

Hay que destacar que la historia de la cruz está ya escrita en los libros hebreos. Sion no es solo el lugar de los preparativos, sino que también es el de las profecías. Israel se anticipa y anuncia. Su religiosidad se sustenta en un espíritu que se mantiene firme ante el paso del tiempo, y su Dios Yahvé le habla directamente al oído.

La pluma de profetas, salmistas, cronistas, sabios y jueces relata de manera anticipada la historia de ese día y del día eterno que será su consecuencia. Esta historia se escribe palabra a palabra, letra a letra, sin ningún esquema aparente, pero de tal manera que, cuando llega el momento, los recuerdos vuelven a la memoria y se organizan para formar una descripción completa y penetrante que rescata las voces de antaño.

En unas cuantas líneas escuetas, se describe con claridad la llegada del Mesías, así como la obra que realiza, sus rasgos, el misterio de la pasión, muerte y resurrección, su gloria y el reinado eterno sobre los elegidos. Algunos pasajes bastarán a modo de ilustración:

«No se apartará de Judá el cetro ni el bastón de mando de entre sus pies, hasta que venga aquél, a quien le pertenece, y a quien deben obediencia las naciones» (Gn 49, 10).

«Pero tú, Belén Efrata, aunque tan pequeña entre los clanes de Judá, de ti me saldrá el que ha de ser dominador en Israel; sus orígenes son muy antiguos, de días remotos» (Mi 5, 2).

«Pues bien, el propio Señor os da un signo. Mirad, la virgen está encinta y dará a luz un hijo, a quien pondrán por nombre Emmanuel» (Is 7, 14).

«Porque un niño nos ha nacido, un hijo se nos ha dado. Sobre sus hombros está el imperio, y lleva por nombre: Consejero maravilloso, Dios fuerte, Padre sempiterno, Príncipe de la paz» (Is 9,6).

«Ved que envío mi mensajero a preparar el camino delante de Mí; enseguida llegará a su Templo el Dueño, a quien buscáis, el ángel de la alianza, a quien deseáis. Ved que ya llega —dice el Señor de los ejércitos—» (Ml 3, 1).

«El pueblo que caminaba en tinieblas vio una gran luz» (Is 9, 1a).

«Entonces se abrirán los ojos de los ciegos y se destaparán los oídos de los sordos. Entonces el cojo saltará como un ciervo, y la lengua del mudo gritará de júbilo, porque manarán aguas en el desierto y torrentes en la estepa» (Is 35, 5-6).

«Mira a mi siervo, a quien sostengo, mi elegido, en quien se complace mi alma. He puesto mi Espíritu sobre él: llevará el derecho a las naciones. No gritará, ni chillará, no hará oír su voz en la calle. No quebrará la caña cascada, ni apagará el pabilo vacilante. Dictará sentencia según la verdad» (Is 42, 1-3).

«Regocíjate, hija de Sion, grita de júbilo, hija de Jerusalén, mira, tu rey viene hacia ti, es justo y victorioso, montado sobre un asno, sobre un borrico, cría de asna» (Za 9, 9).

«Incluso mi amigo, en quien yo confiaba, el que compartía mi pan, ha levantado contra mí el calcañar» (Sal 41, 10).

«Yo les dije: —Si os parece bien, dadme mi paga, y si no, dejadlo. Ellos pesaron mi paga: treinta siclos de plata. Me dijo el Señor: —Echa en el tesoro el valioso precio con que he sido tasado por ellos. Tomé los treinta siclos de plata y los eché en el tesoro del Templo del Señor» (Za 11, 12-13).

«Se levantaban testigos inicuos: me pedían cuenta hasta de lo que ignoraba; me pagaban mal por bien: me dejaban desolado» (Sal 35, 11-12).

«He ofrecido mi espalda a los que me golpeaban, y mis mejillas a quienes me arrancaban la barba. No he ocultado mi rostro a las afrentas y salivazos» (Is 50, 6).

«Me daban hiel por comida, cuando tenía sed me escanciaban vinagre» (Sal 69, 22).

«Al verme, todos hacen burla de mí, tuercen los labios, mueven la cabeza: "Confió en el Señor: que lo salve Él, que lo libre, si es que lo ama". [...] Me derramo como el agua, se dislocan todos mis huesos; [...] me asedia una banda de malvados. Han taladrado mis manos y mis pies. Puedo contar todos mis huesos. Ellos miran, me observan, se reparten mis ropas y echan a suertes mi túnica» (Sal 22, 8-19).

«Pero él tomó sobre sí nuestras enfermedades, cargó con nuestros dolores, y nosotros lo tuvimos por castigado, herido de Dios y humillado. Pero él fue traspasado por nuestras iniquidades, molido por nuestros pecados. El castigo, precio de nuestra paz, cayó sobre él, y por sus llagas hemos sido curados» (Is 53, 4-5).

«Porque no abandonarás mi alma en el sheol, ni dejarás a tu fiel ver la corrupción. Me enseñas la senda de la vida» (Sal 16, 10-11a).

«Oráculo del Señor a mi señor: "Siéntate a mi derecha hasta que ponga a tus enemigos como estrado de tus pies"» (Sal 110, 1).

«Por eso, le daré muchedumbres como heredad, y repartirá el botín con los fuertes; porque ofreció su vida a la muerte, y fue contado entre los pecadores, llevó los pecados de las muchedumbres e intercede por los pecadores» (Is 53, 12).

«¡Levántate, resplandece, que llega tu luz, y la gloria del Señor amanece sobre ti! Mira que las tinieblas cubren la tierra, y la oscuridad, los pueblos, pero sobre ti amanece el Señor, sobre ti aparece su gloria. Las naciones caminarán a tu luz, los reyes, al resplandor de tu aurora. Alza tus ojos y mira alrededor: todos ellos se congregan, vienen a ti» (Is 60, 1-4a).

«Seguí mirando en mi visión nocturna y he aquí que con las nubes del cielo venía como un hijo de hombre. Avanzó hasta el anciano venerable y fue llevado ante él. A él se le dio dominio, honor y reino. Y todos los pueblos, naciones y lenguas le sirvieron. Su dominio es un dominio eterno que no pasará; y su reino no será destruido» (Dn 7, 13-14).

Ciertamente, Jesús pensaría en todo esto desde la cruz. Su grito de angustia: «Dios mío, Dios mío, ¿por qué me has abandonado?» es la primera frase de un largo salmo profético del que se han extraído varios de los pasajes anteriores. Jesús se nutre de esas antiguas profecías, las proclama y las comenta en las sinagogas. Se las explica a sus discípulos y, en Emaús, formarán parte de un único discurso. Y de la misma manera que Jesús se asocia a esas profecías que se ven cumplidas en su misión, también extiende su mirada hacia los misterios del porvenir. Los tiempos futuros aparecen ante Él como si se tratara del presente. Pasado y futuro salen a su encuentro en su caminar, porque su camino está fundado sobre la eternidad. Todo lo que debe hacer y padecer está ya escrito en el libro de Dios, y también los hombres lo han recogido por escrito en la tierra. Pero las consecuencias futuras no están por ello menos previstas. Jesús las anticipa junto a los profetas, y Él, a su vez, también profetiza.

El pintor James Tissot ilustra esto mismo cuando, en su obra, representa a Cristo crucificado, elevado como en éxtasis, y, alrededor de Él, formando un círculo, muestra a los antiguos profetas con manuscritos en las manos. Entre ellos, están las dos figuras que se aparecieron en la nube del monte Tabor conversando con Él sobre lo que habría de ocurrir. Estos testigos parecen decir: «He aquí que el acontecimiento coincide con la palabra, que el tiempo es fiel al tiempo, que la Providencia dice y hace, que Dios viene al encuentro de Dios».

Y ahora Jesús mira con ternura a Sion, aquel misterioso nexo entre dos mundos, la Sion humilde que quizá en ese momento se encuentre tan triste y desolada.

Él reconoce en ella sus orígenes, pues Sion fue la cuna de su civilización. El reinado espiritual de Jesús se prefigura en el conquistador y gobernador de aquella tierra llena de símbolos, el vencedor de Goliat, el padre afligido y misericordioso de Absalón, el que promovió con celo el culto divino y el sublime portavoz de las almas religiosas de todos los siglos.

En los dos extremos del árbol genealógico cuyo fruto será la cruz, están David y Jesús, la prefiguración y el cumplimiento, el sacrificio anunciado y el sacrificio realizado. Lo que el exultante salmista anuncia con júbilo, Cristo lo lleva a término en el sufrimiento.

3. *La casa del Padre*

Al igual que cualquier israelita piadoso, que solo ve el Templo cuando contempla Jerusalén, podemos pensar que Jesús, defensor del honor de su Padre y siempre postrado en adoración ante Él, dirigía la mirada desde la cruz a la casa del Padre con un espíritu de adoración ferviente a la vez que con profunda aflicción.

La cruz se situaba al oeste de la ciudad y Jesús miraba casi en la misma dirección que en la que se encontraba el Templo, del que podía ver la parte de atrás. Teniendo en cuenta la estación y la hora del día, la sombra de la cruz, si la prolongamos en línea recta, habría cubierto el edificio sagrado y el altar situado detrás de él. Estos cálculos llamativos se pueden comprobar a ciencia cierta en el mismo lugar; no son fruto de especulaciones, que quedarían fuera de lugar en esta materia.

Ahora que se ha erigido el altar universal y la verdadera víctima está sobre él, como prefiguraban en tantas ocasiones los sacrificios del Templo, su sombra se extiende y alcanza a cubrir los antiguos monumentos. La cruz nos revela aquello que estaba escondido y envuelto entre símbolos en el interior del Templo. Las misteriosas profecías se ponen ahora de manifiesto al mundo entero. El preludio enmudece para dar paso a un silencio que lleva consigo el anuncio del cántico eterno. El baluarte religioso de Israel, que todavía ocupa un lugar importante en la historia divina del mundo, cede lentamente su puesto al peso de la cruz humilde, pero inexpugnable.

Algunos piensan que la ciudad del gran Rey, convertida en ciudad de muerte para Él y lugar en ruinas para el mundo religioso, despertó sentimientos de desprecio y aversión en el corazón de

Jesús. Según estas opiniones sin fundamento, el sublime Pastor repudiaría el redil de sus ovejas; el Nuevo Testamento rechazaría al Antiguo, que no es sino la raíz de la que parte; Dios en la persona de Cristo renunciaría a Dios en la persona de Yahvé. ¡Nada más lejos de la verdad!

Es cierto que el Templo fue condenado y la Ley, abrogada. Que Occidente deberá sustituir a Oriente en muchos aspectos. ¿Pero acaso Jesús se puede olvidar de este rincón de la tierra? A pesar de haber sido infiel y culpable, ha sido durante más de un millar de años el «tabernáculo de Dios entre los hombres», el alcázar de la raza humana, y el refugio que Dios provee para la humanidad en la incesante marcha hacia su destino.

Y Él mismo, el Hijo del Hombre, ¿no le debe nada a ese lugar de culto que tantas veces frecuentó a lo largo de su vida? Allí enseñó por primera vez a los doce años. Allí cumplió con la Ley al pie de la letra, desde el día en el que su madre lo llevó a la puerta de Nicanor y, en obediencia a esa Ley, le hizo subir los quince escalones circulares para redimir su joven vida con un par de tórtolas.

¡Cuántas veces se paseó bajo el pórtico de Salomón, entre esas columnas relucientes que ahora ve delante de Él, levantadas sobre un pavimento centelleante bajo el sol de mediodía! En aquel lugar enseñaba «con autoridad», acercándose a grupos de gente, recibiendo preguntas o refutando los argumentos de los doctores. A veces, se sentaba en el suelo, al estilo de los rabinos, y los discípulos escuchaban alrededor de Él. También concurría al atrio de las mujeres, cerca del *gazophylacium* donde se depositaban las ofrendas del Templo, por donde pasaban los miembros del Sanedrín de camino a la sala del consejo, acompañados a veces de algún acusado, como la mujer adúltera a la que Jesús libró de su condena.

Jesús rezaba con fervor en el lugar santo de su pueblo. ¿No era Él quien definió al Templo como «casa de oración»? ¿No «subió» allí en todas las grandes fiestas para «presentar sus votos ante el Altísimo»? Como todos los judíos, veía en el Templo una imagen del cielo. Llamaba por el mismo nombre al uno y al otro. Cuando hablaba de la «casa de mi Padre», no se podía saber de inmediato si se refería a las moradas eternas o al atrio temporal y terrenal.

Algunos no ven en el pasaje de la expulsión de los vendedores del Templo más que un simple acto de cólera. En efecto, lo fue, pero se trata de una cólera santa que encuentra su razón de ser en el respeto a su Padre. Jesús, que frecuentaba el Templo como maestro, viene esta vez en calidad de juez y señor. Si no es por el amor que le tenía al Templo, ¿por qué motivo se iba a encargar de purificar esta propiedad?

Que no nos quepa ninguna duda: Jesús ama este Tabor de piedra donde su Padre se apareció cubierto de gloria ante los ojos de treinta generaciones, como Él hizo en el monte sagrado.

Las piedras están doradas por las largas horas de sol; las placas de cobre, enverdecidas por las aguas torrenciales y teñidas después de un marrón rojizo a causa de las temperaturas estivales. Jesús disfruta de esta visión como cualquier peregrino que sube feliz en la fiesta de Pascua. Este esplendor lo conmueve hasta el punto de afligirlo. De buena gana, cubriría esta visión con un velo de tristeza, como hacemos nosotros con la cruz el Viernes Santo. Jesús ama el Templo y eso le entristece, porque no puede evitar pensar en que la majestuosidad que hoy luce con orgullo se tornará mañana en desastre y humillación.

Jesús aceptó toda la organización religiosa de su pueblo, antes de rechazarla por la impenitencia que manifestaba. «En la cátedra de Moisés», decía, «se han sentado los escribas y los fariseos. Haced y cumplid todo cuanto os digan; pero no obréis como ellos, pues dicen pero no hacen»[9]. Y sobre el gobierno, declaraba: «No penséis que he venido a abolir la Ley o los Profetas; no he venido a abolirlos sino a darles su plenitud»[10].

La plenitud de una institución es su progreso, aunque ese progreso signifique llevarla más allá de sí misma. El judaísmo tal y como existía en aquel entonces no podía prolongarse en el tiempo, precisamente porque era un medio para llegar a un fin. Su deber era abdicar en favor de Cristo una vez llegado el momento, para

---

[9] Mt 23, 2-3.

[10] Mt 5, 17.

renovarse por la acción de la Palabra y del Espíritu y entrar así en un nuevo camino, pero en continuidad con el antiguo, como una larva o una crisálida que entra en metamorfosis.

Una transformación como la anterior puede significar la muerte, si lo entendemos así, pero es una muerte gloriosa, una muerte que no es sino una supervivencia. Las almas que entran en ella voluntariamente, las autoridades que aceptan esta metamorfosis, se coronan de una gloria mayor y se revisten de una condición más noble.

Podemos imaginar un Israel que recibe a Cristo entre aclamaciones, con los jefes a la cabeza; los pontífices revestidos del sacerdocio nuevo; el Sanedrín, transformado en el Concilio; los doctores, convertidos en maestros del evangelio y en apóstoles de los gentiles, como Pablo. Y, como consecuencia, el Templo recibe una nueva consagración y asume un papel más amplio, pues se inviste de la dignidad de ser la primera iglesia cristiana, un templo en el sentido más amplio de la palabra. El sanctasanctórum, si antes estaba envuelto de la soledad de la antesala, sería ahora la casa del Santo de Dios vivo y eterno.

No podemos dudar de que este fuera el ideal de Jesús, quien con su ir y venir a lo largo de aquellos años, bendecía ya aquel tabernáculo inconsciente con su presencia real. ¿No era el Templo un lugar consagrado ya desde aquel entonces, estando Jesús presente allí dentro? Solo debía retener esa consagración, dejar que la presencia física de Cristo diera paso a la presencia sacramental; aceptar esa sucesión de pasos en pos del verdadero culto divino que comenzó con la piedra ungida por Jacob y culmina con los altares católicos.

¡Qué Jerusalén tan gloriosa habría tenido entonces la cristiandad! En cierto sentido, su paisaje guardaría menos dramatismo del que presenta en la actualidad, pero sería más insigne si cabe para sus hijos y honorable para toda la humanidad. Sobre la explanada de Salomón, no se habría alzado la Mezquita de Omar, sino que se habrían celebrado procesiones eucarísticas. Donde el humo de los sacrificios ennegrecía los altares, se habrían visto nubes de incienso perfumado.

Evidentemente, en ese caso, Jerusalén nunca habría sido destruida. Se había anunciado el declive de forma clara como una sanción de la divina Providencia. La «gallina» habría podido reunir a sus polluelos y los habría defendido bajo sus alas, de manera que ni el águila romana ni ninguno de los buitres que vendrían a hacer presa tras su triunfo se los pudieran llevar.

Por desgracia, como tantos otros poderes políticos y religiosos, Jerusalén se negó a ceder. No supo reconocer «lo que venía a darle la paz», salvo por unos pocos de sus hijos más desheredados, y sucumbió a las invasiones. El rechazo a evolucionar firmó su sentencia. El Dios que había morado allí en símbolo se dignó a venir en su propia Persona. Pero ahora que lo han rechazado, esta casa de Dios será a todos los efectos una casa de desolación que cede a la ruina. Aquel que expulsa a Dios está destinado a perecer.

*   *   *

Mientras Jesús agonizaba contemplando el Templo, también moribundo, ¿no recordaría su historia, como suelen hacer las personas que van a morir? Y qué historia tan larga la que va a acabar ahora con la destrucción de este famoso templo. Nada menos que tres veces ha renacido bajo nuevas formas para volver a la vida. En primer lugar, el Templo de Salomón, que David soñaba con edificar; luego vino el Templo de Zorobabel, construido después del cautiverio. Y finalmente, el Templo de Herodes el Grande, que se construye cuando Israel está sometido a Roma y acaba siendo esclavo de todos. El Templo es el símbolo de Israel en todas sus etapas, ya sean de gloria o humillación, de fidelidad o de crímenes.

Cuando la antigua capital de Jebús se convirtió en ciudad de David, hubo un cambio en el régimen religioso de Israel, que hasta entonces había sido algo inestable. Antes, Yahvé tenía un santuario móvil, la Tienda sagrada o el «Tabernáculo», también llamada «Tienda de la Reunión» (de Yahvé con su pueblo) o «Tienda del Testimonio», haciendo referencia a las tablas de la Ley que descansaban allí dentro.

Pero una vez que Israel se ha instalado en la capital con firmeza y el propio rey goza de una casa de madera de cedro, no resultaba apropiado que Yahvé se quedara como un nómada en Jerusalén. El antiguo Tabernáculo debía fundar sus cimientos sobre el monte y, de ese modo, asegurar la estabilidad del pueblo de Israel.

Para ello, David tomó la decisión de levantar el nuevo santuario sobre el «lugar en alto». Compró las tierras de Ornán el jebuseo y erigió allí un altar justo después.

Esta edificación supuso ya un avance con respecto a los primeros santuarios semitas. Los antiguos semitas se contentaban con un *haram* o recinto sagrado, delimitado con celo como propiedad divina. Normalmente, lo rodeaba un muro bajo o una valla, y allí, sin más, instalaban la piedra sagrada. Alguna peculiaridad del entorno, como una prominencia del terreno, una fuente o un árbol singular, caracterizaría al lugar; sin embargo, la edificación no tenía ningún carácter arquitectónico. El altar es el punto de partida para construir un edificio que lo resguarde.

En la época en la que David preparaba las tierras de Ornán, el Tabernáculo y el altar de los holocaustos se encontraban en Gabaón, mientras que el Arca de la Alianza estaba en la tienda provisional de Jerusalén. Hubo que esperar al año 1013 a. C., bajo el reinado de Salomón, para que se cumpliera la profecía de Natán y se iniciara la construcción del primer Templo.

Salomón no tenía los recursos necesarios a su mano para construir un gran monumento. Disponía de oro y ganado, de orgullo y cosechas, pero no tenía material de calidad ni trabajadores hábiles, y mucho menos tenía noción alguna de arte. Recurrirá por tanto a los habitantes de Tiro, que poseían todos los medios a su alcance y combinaban las técnicas arquitectónicas del arte egipcio y asirio.

La casa de Yahvé se construyó en un periodo de siete años (del 1013 al 1006 a. C.). Al igual que en los templos egipcios, destacan el «vestíbulo» o pilón; el «santo», que era el templo exterior; y un santuario interior y de carácter más sagrado, al que únicamente podía acceder el sumo sacerdote una sola vez al año: el «sanctasanctórum». Se reservaron varias estancias adicionales para los distintos servicios del Templo. El complejo estaba rodeado de un conjunto de pórticos con columnas que se terminaron de alzar mucho más tarde.

Bajo el *Haram* de Salomón, se excavaron cisternas para abastecer al personal y usarlas en los sacrificios. Para las abluciones, se preparó una espaciosa pileta de bronce, conocida como el «Mar de Bronce», al estilo de las piscinas de Susa. Finalmente, el rey y la reina se instalaron también junto a su Dios.

La obra que Salomón llevó a término fue grandiosa; sin embargo, algún día sería superada. Hay que recordar que las medidas del edificio no se elegían al azar: respondían al simbolismo que los egipcios atribuían a los números, así como a las formas y a las palabras. Las dimensiones de cada una de las partes eran como los datos de un problema aritmético y el conjunto de todas ellas nos decía la solución. El corte transversal del edificio estaba basado en un triángulo equilátero y el corte longitudinal, en un triángulo rectángulo perfecto, el más bello según Platón, y sus lados vienen definidos por los números tres, cuatro y cinco.

En cuanto a la decoración, el templo contaba con paneles tallados recubiertos de láminas de oro, según la costumbre babilónica. La madera de cedro y la de ciprés se usaban como revestimiento por todo el edificio, incluso para los suelos. Había vasijas sagradas hechas de oro casi por completo, mesas para las ofrendas, candelabros, querubines alados de madera tallada y chapados en oro, y demás mobiliario sagrado, todo ello ornamentado con esplendor.

Durante poco más de cuatro siglos, este edificio se mantuvo intacto. Los israelitas se enorgullecían de él de una manera que no podemos imaginar. Para ellos, era la «alegría de toda la tierra» y la gente piadosa asociaba el orgullo nacional al gozo por ver a su Dios glorificado de tal modo en aquel lugar. Rápidamente, identificaron su amor al Templo con la devoción al propio Dios: «¡Qué amables son tus moradas, Señor de los ejércitos! Mi alma añora, desfallece por los atrios del Señor; mi corazón y mi carne se alegran por el Dios vivo»[11].

Pero en el año 588 a. C., Nabucodonosor, rey de los caldeos, profanó y destruyó aquel maravilloso santuario. Cincuenta y dos años después, la liberación de Jerusalén por parte del rey Ciro permitió

---

[11] Sal 84, 2-3.

que Zorobabel lo levantara de sus ruinas. La reconstrucción, en menor escala, aunque sobre los mismos cimientos, duró veinte años (del 536 al 516 a. C.) y la muralla no será reedificada por Nehemías hasta el año 445 a. C.

Este era el estado en el que se encontraba el Templo cuando Pompeyo tomó Jerusalén y Herodes vino a instalarse en la ciudad. El asesino usurpador tenía tantos pecados por expiar que buscó reconciliarse por todos los medios con el pueblo judío, especialmente con la casta sacerdotal. Ideó un plan para reconstruir el Templo basándose en las mismas medidas que el original y, en cierta medida, respetando el estilo antiguo, aunque predominaban las técnicas arquitectónicas grecorromanas. Durante casi tres años, se dedicó a reunir los materiales necesarios para la construcción.

Cuando todo estuvo listo, Herodes se puso manos a la obra. Se valió de diez mil obreros supervisados por un millar de sacerdotes. Estos últimos eran los únicos que podían trabajar en las zonas del «santo» y del «sanctasanctórum». En un plazo de dieciocho meses, se terminó la «naos» y se consagró. Justo después, se tardó ocho años en construir pórticos y atrios. Las obras adicionales se prolongaron bajo el reinado de Agripa, hasta el año 64 d. C., es decir, hasta poco antes de que fuera destruido por completo.

El Templo de Herodes responde a una concepción arquitectónica grandiosa: los soportales y columnatas concéntricos rodeaban el monte, los unos apoyados sobre las otras, y terminaban en el santuario, sobre la cima.

Si nos situáramos a cierta distancia y con la luz adecuada, el efecto debía de ser maravilloso. El mármol blanco de los muros, adornado con oro y plata, se asemejaba a la nieve brillante. La vista desde el monte de los Olivos sería deslumbrante: los tejados cubiertos de oro, las puertas, los ornamentos y, frente a la puerta de la basílica, la enorme vid de oro puro, reflejando la luz del sol. El corazón de cualquier peregrino israelita desbordaría de orgullo al recordar las palabras del salmo: «Desde Sion, dechado de hermosura, Dios resplandece»[12].

---

[12] Sal 50, 2.

Toda esta masa arquitectónica cobra vida cuando expresa la vitalidad que encierra. Cuando las gentes suben desde todas partes para las grandes fiestas, agolpándose en las puertas y en los atrios; los sacerdotes oficial y desfilan de un lado a otro y los doctores mantienen discusiones en grupo, rodeados de discípulos fieles u ocasionales. También cuando el Sanedrín delibera o cuando, a través de los atrios, se conducen bueyes, ovejas, cabras y corderos para el sacrificio. O en las ocasiones en las que los leprosos acuden a lavarse y los maridos llevan intranquilos a sus mujeres para la prueba del «agua amarga». O cuando los cambistas y los vendedores de palomas y de dulces llevan a cabo sus ruidosos negocios.

El crepitar del fuego, los bramidos de los animales, las voces, el ruido de pasos y el son de las trompetas ceremoniales. El imponente lugar sagrado se llenaba de estos sonidos. Los cimientos del Templo no son el *haram* ni el monte Moria; no estamos hablando de Jerusalén, ni siquiera de Palestina. Es la totalidad del mundo judío, ya esté en su tierra o en el extranjero, la que sirve de cimiento para el Templo, puesto que encuentra en este santuario la cima espiritual y la capital religiosa, civil, política, económica e intelectual.

Ageo había dicho refiriéndose al segundo Templo: «Mayor será la gloria de este Templo, el postrero, que la del primero —dice el Señor de los ejércitos»[13]. Herodes creyó cumplir esta primera parte de la profecía. Pero el profeta también anunció: «En este lugar daré la paz —oráculo del Señor de los ejércitos»[14]. El que realiza esto último no es otro que Jesús, quien, con el precio de su dolor, compra nuestra paz.

*   *   *

¿Qué pensaría nuestro Salvador, en medio de los tormentos, al contemplar este monumento grandioso antes de morir, teniendo en cuenta todo lo que simboliza y presagia? No podemos más que lanzar conjeturas.

---

[13] Ag 2, 9a.

[14] *Ibidem*, 9b.

Jesús abandona al Templo, donde el incienso se eleva todavía en el aire, al igual que el eco de los salmos. Los ritos de antaño, que de forma misteriosa tomaban prestada la vida de Jesús, terminan de morir. El Templo, que acumuló riquezas de todos los recursos disponibles en la nación, ha perdido ahora su antiguo esplendor religioso para convertirse en un palacio ostentoso y estridente, en una fachada de hipocresía. El color del mármol recuerda al de los sepulcros blanqueados que ocultan la podredumbre de los huesos. Para los fariseos, es un lugar de disputa y de constantes rivalidades; para otros, un sitio dedicado al comercio y al fraude: «una cueva de ladrones».

La función del Templo era ser el vestíbulo del templo verdadero, de la misma manera que la época en la que floreció fue la antesala de la era cristiana. Al rebelarse contra su destino, le llegará la condena.

El veredicto se conocía desde antiguo y se le había advertido de ello a Israel. Cuántas veces repitieron los profetas aquello que Jeremías proclamó con potencia y vigor: «Esto dice el Señor de los ejércitos: "Así romperé Yo a este pueblo y esta ciudad, como se rompe una vasija de alfarero, que no se puede recomponer"»[15]. Y mientras decía esto, el profeta rompió una vasija con violencia en presencia de los ancianos y sacerdotes.

En el crepúsculo de las profecías y al alba de su cumplimiento, Juan el Bautista decía: «Ya está el hacha puesta junto a la raíz de los árboles»[16].

La monición final la pronunciaría Jesús, que advirtió a sus discípulos una semana antes de la catástrofe definitiva. La solemnidad de sus palabras entristecería quizá la mirada que Jesús lanza ahora desde la cruz, aunque pienso que sería también una mirada llena de compasión. ¿Acaso puede uno enfadarse o mostrarse duro con alguien que está condenado a morir?

Nos acordamos de un suceso que tuvo lugar no hace mucho. En uno de esos días llenos de discusiones y cansancio, en que Jesús

---

[15] Jr 19, 11.

[16] Mt 3, 10a.

acabaría retirándose a la paz de Betania, uno de los doce le señala el edificio del Templo, asombrado por su belleza: «"Maestro, mira qué piedras y qué edificios". Jesús le responde: "¿Ves estos grandes edificios? No quedará aquí piedra sobre piedra que no sea derruida"»[17].

Un silencio atronador cayó sobre los que le oyeron decir esas palabras. Los doce se quedaron estupefactos. El pequeño grupo desciende al Cedrón y sube al monte de los Olivos sin decir ninguna palabra. Poco antes de alcanzar la cima, Jesús se para y se vuelve a sus discípulos, que toman asiento. Allí, enfrente del edificio que parecía eterno, retira el velo engañoso de gloria con el que el ocaso del sol había adornado a la Ciudad Santa. Lo mismo hace con la diadema que el luminoso horizonte colocaba sobre ella: «Mirad que no os engañe nadie»[18], anuncia prediciendo el final.

El discurso que pronuncia a continuación es bastante detallado. Los discípulos escuchan el drama que ha de venir, con todo lo que le precederá y acompañará: signos, acontecimientos y consecuencias. Todo esto que Jesús anuncia es tan impresionante que también querrá que sirva como símbolo de una catástrofe mayor y mucho más decisiva: el fin de los tiempos.

Nadie sabe cuándo ocurrirá esto último, ni siquiera el Hijo del Hombre[19], pero la caída de Jerusalén y la destrucción del Templo no se retrasarán mucho: «En verdad os digo que no pasará esta generación sin que todo esto se cumpla»[20]. En menos de cuarenta años, aquella espada desnuda que David vio empuñar al ángel en las tierras de Ornán comenzará su obra de destrucción y se blandirá a diestro y siniestro para acabar con todo lo que tenga vida y forma dentro de la ciudad rebelde.

Y serán manos judías las que la ayudarán. Los primeros enfrentamientos se producirán durante la guerra civil entre Eleazar, Juan

---

17 Mc 13, 1.

18 Mc 13, 5.

19 Cf. Mt 24, 36.

20 Mt 24, 34.

de Giscala y los idumeos de Simón. Los romanos vendrán más tarde, pero destruirán la ciudad por completo a su paso. El fuego y el pico demolerán los firmes cimientos, y los intentos de Julián el Apóstata de reemplazarlos solo servirán para aseverar lo que Jesús había dicho: «No quedará aquí piedra sobre piedra que no sea derruida».

Con cuánto pesar debe de lanzar Jesús su última mirada sobre este paisaje próspero y concurrido, sobre esta ciudad bulliciosa, con sus nobles pórticos y torreones. Observa el día en el que las dos altas colinas sobre las que se alza la ciudad quedarán desiertas. El día en el que la resplandeciente belleza se transformará en un escenario de desolación. Cuando lo que quede de Sion, allí bajo la orgullosa basílica, se asemejará a una ciudad a la que se le ha dado la vuelta, con tierra en lugar de suelos y con la vida escondida debajo de ella. No se verán nada más que grutas, cuevas y tumbas; silencio, cenizas y muerte.

«Miro a la tierra, y es caos y vacío, a los cielos, y no tienen luz. Miro a los montes, y están temblando, y todas las colinas se estremecen. Miro, y no hay nadie, y todas las aves del cielo habían huido. Miro, y el vergel es un desierto, y todas sus ciudades habían sido destruidas delante del Señor, ante el ardor de su ira»[21].

Al igual que ocurrió con la ciudad de Ay en tiempos de Josué, Jerusalén se convertirá en «un montón perpetuo de ruinas que dura hasta el día de hoy»[22]. El valle que se encuentra debajo del Templo será más que nunca «el valle de los cadáveres y de la ceniza»[23]. Incluso el Templo será un gran sepulcro rodeado de más tumbas, que se extenderán hasta cubrir las colinas vecinas. Un remolino de sepulturas, olas de muerte, tormentas de cenizas...

No volverá a escucharse el bullicio de las columnatas. En lugar del ruido, habrá una calma melancólica y los hierbajos brotarán entre las losas del sanctasanctórum. Sobre la roca donde estaba eri-

---

[21] Jr 4, 23-26.

[22] Jos 8, 28.

[23] Jr 31, 40.

gido el altar de los holocaustos, se construirá una mezquita musulmana, como si a Israel se le hubiera prohibido tajantemente rendir culto en el lugar donde cometió la traición.

A Israel solo le queda lamentar su destino frente a los restos derruidos del muro exterior. El muro de las lamentaciones será su consuelo, aunque los forasteros mirarán con desdén a esta reliquia deteriorada de la Sion santa de otros tiempos.

Mientras tanto, el crucificado, que mira la ciudad con los ojos inyectados en sangre y gime de dolor, pareciendo a veces que se derrumba y que la noche se cierne sobre su alma, mientras tanto, el crucificado habrá sido ensalzado. El árbol plantado en aquel montículo humilde habrá extendido las raíces hasta el centro de la tierra y las ramas alcanzarán los cielos. La grandeza material de Israel, llena de engaños y traiciones, pronto pasará a la historia y dará paso a una grandeza espiritual que traerá consigo la bendición a todo el universo.

Jesús es la piedra angular de un Templo nuevo «que no ha sido hecho por las manos del hombre». «Él es la piedra que, rechazada por vosotros los constructores, ha llegado a ser la piedra angular»[24], y «nadie puede poner otro cimiento distinto del que está puesto, que es Jesucristo»[25].

---

[24] Hch 4, 11.

[25] 1 Cor 3, 11.

4. El cenáculo

I

«La víspera de la fiesta de Pascua, como Jesús sabía que había llegado su hora de pasar de este mundo al Padre, habiendo amado a los suyos que estaban en el mundo, los amó hasta el fin»[26]. Este sublime preludio resulta apropiado para cualquier contemplación de los hechos que se conmemoran el Jueves Santo y de otros acontecimientos que relacionamos con ellos porque ocurrieron en el mismo sitio.

El lugar donde se celebró este amor «hasta el fin» es lo que conocemos como el cenáculo, esto es, una sala en el piso de arriba de una casa ubicada sobre el monte Sion. La estancia se situaba al sur del Calvario y se encontraría a la derecha del crucificado, a menos de ochocientos metros de distancia.

Desde muy antiguo, la tradición cristiana atribuye a los discípulos la propiedad de la casa en la que tuvo lugar la institución de la Eucaristía y la venida del Espíritu Santo.

Algunos se cuestionan que ambos acontecimientos ocurrieran en la misma casa. Queda lugar para la duda, ya que el evangelio no lo especifica con claridad. Sin embargo, parece suficiente con que el relato bíblico nos permita identificarlos para inclinarnos irresistiblemente por ello.

Jesús y los discípulos celebraron la Pascua en una sala en la que se sentían como en casa. Allí siempre eran bienvenidos y podían recurrir a ella en todo momento con seguridad. Es bastante improbable que

---

[26] Jn 13, 1.

43

existiesen otras casas como esta en Jerusalén. El que «no tiene dónde reclinar la cabeza» no anda en absoluto de casa en casa. Además, es lógico pensar que los discípulos guardaron especial admiración por el lugar que fue testigo de los últimos discursos de Jesús y de la institución más misteriosa que el mundo haya visto nunca.

Resulta difícil imaginar que el banquete previo a la partida se celebrara en una sala y la cena póstuma de acción de gracias en otra distinta, o que Jesús prometiera la venida del Espíritu Santo en un lugar y cumpliera esta promesa en un sitio diferente. Si Jesús deseaba que estas dos manifestaciones produjeran un efecto imborrable en los discípulos, no nos cuadra que separara ambos lugares, pues correría el riesgo de atenuar esta impronta.

A este motivo le podemos añadir quizá el vínculo religioso que une a los dos hechos. Es pertinente que la institución de la Eucaristía y la venida del Espíritu Santo ocurran en el mismo lugar, puesto que en el fondo se trata de la misma cosa. Son dos sacramentos, pero producen el mismo efecto; es como respirar dos veces en la misma atmósfera. El cuerpo y la sangre de Cristo dan vida dándonos su Espíritu («la carne no sirve de nada»); y el Espíritu Santo da vida a los que se unen al cuerpo de Cristo de acuerdo con su voluntad, en esa unidad mística que es fruto de la Pascua.

Desde el punto de vista eclesiástico, la *Didascalia de los apóstoles* nos da otra razón parecida: «Del mismo modo que el misterio del Cuerpo y la Sangre de nuestro Señor se celebró por primera vez en la sala del piso superior, para gobernar después al mundo entero, también fue aquí donde comenzó la predicación del evangelio, para reinar después sobre el universo».

*   *   *

He aquí entonces, muy a la derecha del patíbulo, esta habitación en alto, cima espiritual bajo la que el mundo acampará, como Israel hacía a cielo abierto en los días del maná. Realmente, el cenáculo se convierte para Jesús en el Belén de su obra, como aquella pequeña aldea de Judá fue en su día el lugar donde Dios vino al mundo. El cenáculo es la segunda «casa del pan».

Allí, en la víspera de la crucifixión, se celebró el banquete universal; desde allí, en pocos días, se enviará el poder del Espíritu Santo que lo pone todo en movimiento. El milagro invisible del Jueves Santo habrá sido el preludio de las maravillas visibles. Pero nadie puede negar que aquel milagro invisible encierra el poder más inefable. ¿Acaso no obra Dios las maravillas más grandes dentro del corazón humano?

Mientras sufre, Jesús no necesita preocuparse por el futuro inmediato de la Iglesia, puesto que la Providencia ya se ha pronunciado; y hasta el día de hoy, Dios sigue proveyendo. El pan del futuro está listo, las lenguas de fuego llamean oscuras bajo las bóvedas del cenáculo; el viento no hace más que contener su poderosa respiración. Los pies de los discípulos se impacientan por recorrer toda la tierra y los corazones andan deseosos de prender fuego sobre ella. ¡Cuántas fuerzas están latentes alrededor de la cruz!

Quizá, lo más sorprendente de la Pasión sea el cruce que se produce entre dos cadenas de acontecimientos entrelazadas: una que carga sobre sí el momento presente, empujándolo de forma inexorable hacia su terrible desenlace, y otra que prepara el futuro y se encarga de sembrar las semillas de la vida eterna en el universo de las almas.

Mientras Caifás y los miembros del Sanedrín se preguntan cómo matar a Cristo, Él se encuentra en el cenáculo a pocos metros de distancia preparando el medio a través del que vivirá por siempre en la tierra. Justo cuando parece caer en la trampa de Judas, Jesús se adueña de su destino, ya que Él dispone cómo va a realizar su sacrificio y el memorial que debe hacerse de este, así como la parte que cada creyente toma en él en cada momento.

Es como si existieran dos designios independientes, aunque en realidad uno domina al otro, y no es el plan de Caifás el que prevalece. Hay dos proyectos, pero el proyecto de Dios no se ve frustrado por los planes de los hombres, ya que los hombres son instrumentos suyos, que sirven al propósito de Dios, y esta es la razón, según dice san León Magno, por la cual Jesús no expulsa a Judas del cenáculo. Por el contrario, deja que planee su infame delito justo delante de Él. ¡Cuánta luz arroja esto sobre la transcendencia de la acción de Dios y sobre los trabajos de la Providencia!

Algunos se han preguntado por qué Jesús, a la hora de buscar un lugar en el que comer la Pascua, no pensó en la casa de Lázaro, donde se estuvo alojando aquellos días. La respuesta es que la cena debía celebrarse en la ciudad. Desde todos los confines de la tierra, los judíos peregrinaban a Jerusalén por este motivo. ¿Acaso Jesús y los discípulos iban a ser menos? Tan solo se requería un pequeño esfuerzo para mantener las viejas costumbres.

Además, Jesús tenía la intención de transmitir su última enseñanza, de hacer el último testamento, y no era apropiado estar en presencia de extraños, aunque estos extraños fueran de sus más íntimos, como María Magdalena, Marta y Lázaro. Si un día, mientras predicaba, a quien le preguntó por su madre y sus hermanos, Él le había dicho, señalando a sus discípulos: «Estos son mi madre y mis hermanos», en el momento de la Última Cena, el sentido de estos vínculos espirituales era fundamental. La institución del sacrificio y del nuevo sacerdocio, la promulgación del mandamiento nuevo, la promesa del Espíritu Santo que habría de confirmar a la Iglesia, las últimas palabras de su corazón... Todo ello llamaba a guardar una estricta intimidad, podría decirse que de carácter oficial, aunque siempre marcada por el gran cariño que profesaba. En este círculo privilegiado solo entrarían aquellos que Él había elegido como colaboradores de su obra, sus amigos en el sentido ritual de la palabra, los predicadores y los obispos del mañana.

Y así, desde el monte de los Olivos, Jesús envía a dos de sus discípulos a la ciudad. Allí encontrarán a un hombre que lleva un cántaro de agua. Puede que este supiera quiénes eran; en todo caso, debían seguirle y, al dueño de la casa a la que se dirigía, le dirán: «El Maestro te dice: "¿Dónde está la sala donde pueda comer la Pascua con mis discípulos?"»[27].

La habitación en cuestión (κατάλυμα) es la sala de los invitados de la que cualquier casa importante dispone para acoger a los huéspedes, el vestíbulo en el que se recibe a los viajeros y a las visitas. En el versículo siguiente, Jesús la llamará la «habitación en el piso de arriba, grande» (ἀνάγαιον). En los pasajes que se refieren a

---

[27] Lc 22, 11.

las apariciones de Cristo resucitado y a la venida del Espíritu Santo en Pentecostés, la sala aparece nombrada con otro término griego (ὑπερῷον) que, de cualquier modo, viene a significar lo mismo.

Es la parte superior de la casa. La familia la usa para grandes ocasiones, pero siempre está especialmente preparada para los invitados; es la mejor habitación. Normalmente, se accede desde el exterior para evitar pasar por las habitaciones del servicio y los dormitorios de la planta baja y, por lo general, tiene delante una terraza con grandes ventanales, a no ser que dé a un patio.

La sala en el piso de arriba donde se celebró la cena pascual era especialmente amplia (μέγα); un argumento más para identificarla con la de Pentecostés, donde Pedro pudo hablar a una muchedumbre de ciento veinte personas. Estaba amueblada y lista (ἑτοῖμον, ἐστρωμένον), es decir, estaba provista de alfombras, cojines y mesas.

Cuando Jesús les dicta a los discípulos aquello que debían pedir con tanta precisión, sabe muy bien cuál va a ser la respuesta. Él conoce la buena voluntad de aquel hombre en particular y cuenta con ella. En cualquier caso, se entiende que, durante la fiesta en Jerusalén, cualquier piso que no esté ocupado o que no esté en alquiler se considera propiedad común; el primero que entre puede pedir hacer uso de él, sin ninguna indiscreción. Por supuesto, el visitante debe traer sus propios alimentos. Jesús se encarga de hacer lo propio, no solo por consideración, sino para preservar también la intimidad que no debía ser perturbada por ninguna presencia ajena.

Antes de los tiempos de Jesús, los judíos comían la Pascua de pie, preparados para salir, con un bastón en la mano y con las sandalias calzadas. La Pascua tenía que comerse deprisa, para significar la salida apresurada de Egipto. Pero en los tiempos de Cristo, ya no se hacía así; la interpretación rabínica prescribía una postura normal, y los participantes adoptaban una postura recostada, como es propio de los señores, para subrayar la libertad alcanzada. Incluso a los esclavos, que normalmente tienen prohibido recostarse, se les permite hacerlo en el día de la Pascua, como signo de la libertad del pueblo de Israel.

Por lo tanto, los invitados comen el cordero pascual recostados sobre jergones o alfombras extendidos sobre el suelo, con el codo izquierdo apoyado en un cojín y el brazo derecho libre. La comida se sirve en uno o más platos grandes colocados encima de una mesa baja, para que los puedan alcanzar con facilidad. No se pasa la comida alrededor de la mesa, sino que cada uno se sirve a su gusto o moja su pan en el plato. «El que moja la mano conmigo en el plato, [...]», diría más tarde Jesús a los discípulos. Podríamos llegar a suponer que los participantes usaban divanes y mesas altas, al estilo del *triclinium* romano, pero lo cierto es que su uso no estaba lo suficientemente popularizado todavía en Oriente.

*   *   *

Parece evidente que la intención de Jesús de instituir un nuevo rito no le dispensaba de celebrar la Pascua judía. Cuando los discípulos hablaban de la Pascua judía, Jesús no les contradecía. Todos los preparativos, mencionados incluso por Cristo en las instrucciones que dio a los discípulos, se referían a la Pascua judía. No tenía ninguna intención de omitir la Pascua ni de hacer de ella un rito vacío. Al contrario, Jesús la personifica en sus propios designios y muestra así el auténtico significado profético que encierra. El ceremonial que Jesús contempla se asemeja a la puerta de Efraín: la entrada y la salida toman direcciones distintas; el creyente entra como judío y sale como cristiano.

Jesús se recuesta en un sitio de honor, acorde con su condición de rabí. Los doce, Judas incluido, se sitúan a cada lado de Él alrededor de la mesa. Juan ocupa el segundo puesto de honor, justo a la derecha del Señor, lo que le permite con un simple movimiento reposar la cabeza sobre el pecho sagrado. Pedro se encuentra al lado de Juan, a quien puede susurrar en secreto. Judas no está lejos del Señor, ya que puede escuchar la advertencia que Jesús le dirige a él en concreto. ¿Estará quizá a la izquierda del Señor, en el primer puesto de honor entre los discípulos...?

Jesús toma la palabra y lo primero que dice es: «Ardientemente he deseado comer esta Pascua con vosotros, antes de padecer»[28].

---

[28] Lc 22, 15.

Esto es un suspiro lleno de amor que nace de su corazón justo al iniciar el banquete del que tantas cosas grandes espera. Son los primeros acordes de la música de un arpa. El corazón del Señor está repleto de armonías y solo necesita el toque de un acontecimiento nuevo para hacer sonar melodías de ternura.

Normalmente, sus discursos eran demasiado solemnes para dar rienda suelta al amor que derramaba su corazón. A veces, incluso veía necesario reaccionar violentamente contra el afecto natural que sentía: «Mujer, ¿qué nos va a ti y a mí?», «¿quién es mi madre y quiénes mis hermanos?», «deja a los muertos enterrar a sus muertos», «¡apártate de mí, Satanás!, eres escándalo para mí». Pero esta dureza divina no hace sino transmitir la total devoción que guarda a su altísimo propósito, y a la más mínima oportunidad, la ternura sale a la luz.

Ahora que está a punto de morir, ante la inminencia del final, el pensamiento de que pronto dejará a los suyos le invita a realizar una efusión de amor desbordante desde el corazón.

«Ardientemente he deseado comer esta Pascua con vosotros, antes de padecer». Para Él, es la última Pascua, y también lo es para su pueblo. Será la última Pascua legítima. Un día después, el judaísmo será considerado herejía; durante la Última Cena, todavía es una profecía.

Jesús ha deseado ardientemente comer esta Pascua, la última, que está próxima al Reino de los Cielos. La Pascua de la nueva era en la que reinará el crucificado. Esta noche y el día que le sigue terminarán con oscuridad y dolor, pero los días venideros comenzarán con una misa de alegría.

¡Pero cuánta pasión hay en esa alegría! ¿Quién sino un artista divino puede poner en armonía sentimientos tan encontrados? En el evangelio de san Lucas, la nota predominante es la del deseo realizado, pero los otros tres evangelistas evocan algo de pesar en el relato. ¿Cómo pueden estar alegres cuando la traición está en medio de ellos y la sombra de la cruz oscurece la mesa? Y, sin embargo, ¿cómo pueden estar tristes cuando el amor lo está dando todo?

Jesús siente que ya ha cruzado los umbrales de la muerte e instituye el memorial de su partida: «Ya no estoy en el mundo»[29]. Se

---

[29] Jn 17, 11.

siente en posesión de la vida sin fin que le aguarda y reparte los frutos de esta a la humanidad. Está lleno de alegría a las puertas de la muerte.

La cena pascual podía iniciarse en cualquier momento después de que aparecieran las tres primeras estrellas vespertinas; normalmente, solía comenzar algo más tarde. Así que ya ha oscurecido, por lo que es la hora más propicia para que tengan lugar las revelaciones más íntimas. Se habrá debido elegir un cordero de un año, sin mancha, ofrecerlo sobre el altar del Templo y seguir los ritos que indica la *Mishná* para cocinarlo y servirlo.

Durante la cena, el padre de familia debía explicar solemnemente el significado simbólico de los alimentos que había sobre la mesa, para dar respuesta a las preguntas del más pequeño de la casa. El cordero conmemoraba el rescate y la salvación de Israel en el momento en el que el ángel exterminador traía la muerte a las casas de Egipto. La mezcla de frutos secos cocinados con una salsa rojiza representaba el mortero de las ciudades de Pitón y Ramsés empleado durante los días de duros trabajos en Egipto. Las hierbas amargas rememoraban la angustia de aquellos días, mientras que los ácimos, el pan sin levadura, eran signo de la prisa con la que salieron de Egipto.

Jesús reviste estas enseñanzas de un nuevo significado. Él sabe en efecto quién es el Cordero de la verdadera Pascua, de qué esclavitud y de qué tribulaciones necesitamos que nos rescate, y cuál es el sentido del apresurado viaje en el que los nuevos israelitas han de embarcarse: es el paso del mal al bien, de la esclavitud espiritual a la libertad de los hijos, del reino de Satanás al reino de Dios en la tierra, y de esta tierra al cielo. Este será el eje de su discurso durante la noche de Pascua.

Después de explicar el rito, se canta una parte del *Hallel* o «canto de alabanza». El *Hallel* se compone de los salmos 113 al 118, los más conmovedores en relación con el Mesías y sus sufrimientos y los que tocan con más claridad la obra redentora y sus prefiguraciones en la historia los israelitas. En cuatro ocasiones se alza una copa de vino y entre las cuatro copas, se come la cena, siguiendo las distintas tradiciones rabínicas, según opinaban Hillel o Shamai. Antes de la cuarta copa, se canta la última parte del *Hallel,* que consiste en un himno triunfante de acción de gracias a Yahvé.

Sin lugar a dudas, durante la Última Cena, se observaron fielmente todos estos preceptos, aunque el fin de esta asamblea era bien distinto. Los evangelios no se detienen en describir la Pascua judía; de hecho, solo san Lucas narra las dos etapas de la cena. Los demás mencionan la Pascua judía en lo que concierne únicamente a los preparativos; cuando llega la cena, pasan rápidamente sobre lo que estaba destinado a pasar para centrarse directamente en lo nuevo que permanecerá.

Jesús, tras encargar los preparativos de la cena a dos de sus discípulos, procede entonces a prepararse Él para aquella noche, y aquí no hablamos ya ni de la casa ni las alfombras ni los alimentos. Va a preparar el corazón. Con el deseo de dejar un buen ejemplo de aquello que siempre ha presentado como la suma total de sus enseñanzas y para mostrar antes del banquete espiritual cómo es esa unidad que Él ha venido a establecer, «se levantó de la cena, se quitó el manto, tomó una toalla y se la puso a la cintura». Tomando la jofaina que había en la sala para hacer las abluciones, se puso de rodillas y comenzó a lavarles los pies a los discípulos.

Podemos imaginar el desconcierto de los doce ante este espectáculo. San Juan describe la escena en un tono solemne y narra así la protesta de Simón Pedro: «Señor, ¿tú me vas a lavar a mí los pies? [...] No me lavarás los pies jamás». Sin embargo, «como Jesús sabía que todo lo había puesto el Padre en sus manos y que había salido de Dios y a Dios volvía», Pedro no consiguió disuadirle. En el relato del evangelista, aquel gesto aparece revestido de un significado religioso y eterno.

El símbolo del amor aparece unido al de la pureza, para que podamos entender que donde se encuentra el amor verdadero, allí también está la asamblea de los santos. Jesús no tiene de qué purificarse, pero se humilla a sí mismo y se dedica a amar. Ejemplifica toda virtud. Mediante el lavatorio, afirma que el enemigo del amor es el orgullo y que el enemigo de todo bien es el rechazo del amor. La humildad y la caridad son los cimientos y el remate, respectivamente, de la edificación espiritual que Él trata de levantar en cada persona y en la humanidad al completo. También la cruz, que soporta el peso de este edificio, es tan humillante como dolorosa. Pero cuando la obra llegue a su fin, la cruz será gloriosa; será instrumento de unión y la fuente de la felicidad. Todo se encuentra allí. Todo está en la cruz, porque todo está en la humildad y en el amor. El lavatorio es por tanto un anuncio de la cruz.

Los pobres pies con los que tocamos la tierra necesitan ciertamente de este lavatorio. Incluso cuando la cabeza que piensa, el corazón que ama y las manos que actúan no se dedicaran más que a fines puros, los pies, no obstante, recogerían el polvo del camino y se llenarían de barro allá por donde pisaran. Tenemos necesidad de la jofaina de agua y del contacto con las manos del Salvador, necesitamos ser sumisos a la gracia purificadora si, con Pedro, replicando y convirtiéndose, queremos «tener parte» en lo que Jesús viene a darnos: «Si no te lavo, no tendrás parte conmigo»[30].

Un poco más tarde, Jesús nos muestra que el lavatorio de los pies tiene todavía un significado más. Habla de los apóstoles y de la unidad que ha venido a establecer entre ellos y Él, una unidad como la que comparten el Padre y Él. Jesús les lava los pies a los doce con el objetivo de prepararlos para recorrer el mundo. La pureza y la humildad son las condiciones del amor, y el amor es el alma del apostolado. El mundo pertenecerá a los que Jesús ha convencido de que este es el orden propio de las cosas, a aquellos a los que ha fortalecido con este poder tan abundante.

Se podría llegar a decir que Él, el apóstol divino, se arrodilla para admirar a estos otros apóstoles que pronto enviará a los confines de la tierra, y que se dedicarán fiel y prolíficamente a la misión. «Qué hermosos son sobre los montes los pies del mensajero que anuncia la paz, del mensajero de la buena nueva que anuncia la salvación»[31]. No hay duda de que el profeta hablaba sobre todo de Cristo. Sin embargo, Cristo ha comunicado a los suyos lo que Él ha recibido y aquí lo vemos arrodillado humildemente ante el don enviado de lo alto.

---

[30] Jn 13, 8b.

[31] Is 52, 7.

Jesús vuelve a ponerse el manto y ocupa una vez más el lugar que le corresponde en la mesa. Ahora explica el gesto que acaba de realizar; la enseñanza se concentra y se exalta. A lo largo de la vigilia, el corazón de Jesús derrama efusiones de amor, aunque también ciertas advertencias y tiernos reproches. Lo que transmite a los discípulos es un testamento espiritual completo, concretamente un testamento de amor. Como diría san Anselmo, es una «inundación de amor». Y al mismo tiempo, un torrente de gloria.

Basta con releer el discurso en el evangelio de san Juan para quedar admirados por las maravillas que recoge. Jesús reconforta a los once en la víspera de las tribulaciones que se desencadenarán, tanto sobre Él como sobre ellos, después de que Judas abandone la mesa. Les advierte de que son débiles y les invita a tener un buen corazón. Vaticina que lo van a abandonar y añade con afecto: «No se turbe vuestro corazón. Creéis en Dios, creed también en mí». Les habla de las moradas que hay en la casa del Padre, para que así dirijan sus pasos hacia ellas. Les «preparará un lugar» para ellos y les asegura que «os conviene que me vaya», para que el Espíritu Santo, que ilumina, guía y consuela, venga sobre ellos. También afirma: «No os dejaré huérfanos». Ellos conocen la forma doblemente misteriosa en la que vendrá. Les deja su paz, su paz les da, pero no «como la da el mundo», que solo sabe ofrecer una paz adulterada. Para que la paz que les da habite siempre en ellos, les renueva el mandamiento del amor mutuo, que presenta ante ellos como el signo y la medida del amor del hombre hacia Dios.

«Un mandamiento nuevo os doy: que os améis unos a otros. Como yo os he amado, amaos también unos a otros. En esto conocerán todos que sois mis discípulos, si os tenéis amor unos a otros»[32]. Insiste en ello en el momento en el que va a manifestar la gran prueba de amor, de la que dice: «Nadie tiene amor más grande que el de dar uno la vida por sus amigos»[33].

A la mitad de este discurso que, junto con el lavatorio de los pies, ha despertado fuertes emociones en los doce, llega un punto

---

[32] Jn 13, 34 y s.

[33] Jn 15, 13.

en la cena en el que se refuerzan estas enseñanzas y se dota a los símbolos de un significado pleno: es el momento de la institución de la Eucaristía.

*   *   *

Jesús, después de decir «ardientemente he deseado comer esta Pascua con vosotros», añadió lo siguiente: «porque os digo que no la volveré a comer hasta que tenga su cumplimiento en el Reino de Dios»[34]. A la Pascua judía, la que Jesús está celebrando, se le debe dar su plenitud, como al resto de la Ley, tal como Él había dicho: «no he venido a abolirlos sino a darles su plenitud»[35].

¿Y dónde está el «Reino de Dios» en el que tendrá lugar esta plenitud? Sin duda, fuera de este mundo, adonde Jesús se dirige y hacia donde los discípulos le seguirán llegado el día. Pero no es menos cierto que también tendrá lugar, según parecen indicar estas palabras en san Lucas, en el reino que Dios instaura aquí en la tierra, en donde tienen vigor las leyes que recogen estos últimos discursos.

Hay por consiguiente dos etapas: la Pascua judía se transforma en la Pascua eucarística, y la Pascua eucarística se transformará a su vez en la Pascua celestial. Esta última transformación está a punto de realizarse para Jesús, quien también comulga en la Última Cena.

El nuevo banquete aparecerá como un memorial para los discípulos, ya sean los de aquella época en Palestina o los de todos los tiempos. Jesús se las arregla para hacer de esta cena un memorial más impresionante y reconfortante que lo que cualquier representación pueda llegar a ser, puesto que, a la conmemoración del pasado, Él le añade la eficacia de su presencia real. Antes de irse, llena el vacío que dejará su partida. Consuela al porvenir, no nos deja huérfanos. Perpetúa por siempre su paso por nosotros. Va a fundar

---

[34] Lc 22, 15 y s.

[35] Lc 5, 17b.

su eterna morada y, en una humilde cena conmemorativa, toda la realidad del don de Dios será el tesoro de las almas.

Entonces, Jesús, «tomando pan, dio gracias, lo partió y se lo dio diciendo: "Esto es mi cuerpo, que es entregado por vosotros. Haced esto en memoria mía". Y del mismo modo el cáliz, después de haber cenado, diciendo: "Este cáliz es la nueva alianza en mi sangre, que es derramada por vosotros"»[36].

Aquí se combinan dos cosas y una implica a la otra: por un lado, existe un alimento espiritual, que es el mismo Jesús, y, por otro lado, hay un sacrificio perpetuo, que es el que Jesús realiza y que nos procura todos sus frutos.

«Los niños piden pan y no hay quien se lo dé»[37]. El pueblo de Israel había probado el maná, en el Templo siempre habían estado los panes de la proposición, incluso Jesús había dado de comer y de beber a orillas del lago Tiberíades y en las bodas de Caná milagrosamente. Pero ninguno de estos alimentos era aún el pan verdadero. Este debía empaparse dentro de la sangre, partirse en un gesto de amor sacrificado y repartirse en la comunión de un banquete de carácter universal. Todo ello desde una colina que prefiguraba el Calvario y que, como él, estaba llamada a la eternidad.

Jesús tomó el pan y «dio gracias». Esta era la forma de bendecirlo, pero tanto en la multiplicación de los panes como en este caso, la fórmula de bendición se anuncia de forma solemne. Para el cáliz, repite la fórmula, y cuando san Pablo habla de esto, resalta la razón obvia de esta bendición especial: el cáliz de la cena de Pascua es verdaderamente una copa bendita en el sentido estricto de la palabra, siempre que la bendición se realice con la debida solemnidad: «El cáliz de bendición que bendecimos»[38], dirá el apóstol.

La manera en la que Jesús les repartió el alimento debió tener algo de especial, ya que solo por este gesto, los discípulos serán capaces de reconocerlo. Los niños pequeños que ven cómo su ma-

---

[36] Lc 22, 19 y s.

[37] Lam 4, 4b.

[38] 1 Cor 10, 16.

dre les da el pan no se sorprenderían por ello. Solo tendrían que añadir una majestuosidad divina a la ternura maternal que ya conocen para poder visualizar lo que hace Jesús.

En el plano moral, se entiende todavía mejor que a Jesús se le reconozca por la fracción del pan. Solo Él da el pan que alimenta y fortalece, el pan de la dulzura y la esperanza cuyo fruto es la vida eterna. Desde la Última Cena, la mano de Jesús se ha acercado a todos nosotros para que lo reconozcamos. El pan se multiplica en función de cuántos seamos, conforme a nuestras necesidades y nuestros deseos. El cáliz es uno, signo de nuestra unidad, pero le da la vuelta al mundo y a todos los tiempos, del mismo modo que pasó en círculo por la mesa del Cenáculo. En efecto, Jesús preparó aquel día el alimento de todos los tiempos. En el Reino de Dios, la inanición no será sino voluntaria. Jesús será reconocido por siempre en la fracción del pan, como en Emaús y a orillas del Tiberíades, cuando Cristo resucitado se apareció en aquella blanca mañana.

El pan de la Pascua judía debía partirse en pequeñas porciones para simbolizar el sacrificio. Jesús parece estar satisfecho con ello, si bien está claro que la fracción del pan guarda también para Él un significado de sacrificio, de su propio sacrificio, pues se refiere al pan así partido como su Cuerpo, que se da, o se «entrega» y sabe que esta entrega implica pasar por la muerte.

De la misma manera, se reparte el vino, que fluye como la sangre, que *es* la sangre. Jesús también bebe de él, como signo de una unidad perfecta. Prueba su propio sacrificio. Al contemplarlo en la cruz, derramando gozosamente cada gota de sangre que hay en sus venas, nos podemos imaginar la escena que aparece representada en los antiguos iconos, en la que su Sangre llena un cáliz que le presenta la Iglesia, o brota en un torrente de vida para que los hombres beban de él.

En el rito ortodoxo, el celebrante atraviesa las especies sagradas con una pequeña lanza mientras dice estas palabras del evangelio: «uno de los soldados le abrió el costado con la lanza». En los momentos en los que Jesús, estando todavía vivo sobre la cruz, veía pasearse la lanza de Longino, ¿no habría pensado ya en esta generosa copa donde vertería las últimas gotas de sangre como signo de un amor sin medida?

En el Calvario, Jesús ama incluso más allá de la muerte. En el cenáculo, Él ve venir esta hora. Mientras que en la cruz consuma este sacrificio de forma visible y sangrienta, en el sacramento lo oculta y Él mismo se esconde allí. Pero en ambos casos, la muerte da paso a la vida. Como Jesús debe morir, instituye un memorial de su muerte, pero precisamente porque ha muerto, este memorial se convierte en la realidad vivificante más dulce y poderosa.

Jesús dice: «Haced esto en memoria mía» y los apóstoles se convierten de esta manera en presbíteros ordenados, a la vez que los creyentes serán invitados por siempre a tomar parte en el sacramento del altar. La hostia se elevará al igual que Cristo fue elevado en la cruz, y se partirá como si sufriera el suplicio de los golpes. Los fieles la recibirán purificados como si fueran sepulcros nuevos para el Cuerpo de Cristo.

¡Oh, Jesús, clavado en la cruz, con cuánto amor miras esta casa de los misterios sagrados! Con cuánta intensidad brilla esta pequeña casa en Sion, en medio de la oscuridad que se extiende sobre Moria y su antigua gloria. De allí arriba fluye un torrente de vida, que mañana será un torrente de luz. Se acerca el momento en el que el cenáculo, el templo y la cruz serán una sola cosa, cuando la casa del Padre sea tu hogar, la casa de tu sacrificio vivificante y de tu gloria resplandeciente, la «sala en el piso de arriba» que acogerá tu mesa y tu Espíritu.

Entonces, el cenáculo del monte Sion no necesitará conservar sus vestigios durante más tiempo, pues estará por todos partes. Nosotros, hijos tuyos, seremos un cenáculo donde se renovará espiritualmente la fracción del pan, donde el dolor necesario para partir el pan será aceptado con espíritu de sacrificio, donde se asimilará tu alimento, donde tu Espíritu se manifestará, al menos así lo esperamos, en la gloria de las buenas obras.

Cuando quieras, puedes pronunciar el *consummatum est*, ya que todo está dispuesto para la consumación de la justicia y del amor.

II

Del mismo modo que el pasado y el futuro son distintos para nosotros, también para Jesús: los ve distintos y distantes el uno del otro, pero esa distancia no le impide verlos juntos bajo una misma mirada. Al igual que Dios ve pasar la procesión de las horas desde las alturas de la eternidad, como si la contemplara desde una cima inamovible, su Cristo, asociado eternamente a Él, contempla lo mismo por su condición divina y conoce como hombre lo que el futuro de su obra le deparará. Por lo tanto, cuando mira desde la cruz hacia el monte santo de Sion, ve en una misma perspectiva el banquete sagrado de ayer y las gracias que le aguardan en el mañana.

Antes de la cruz, Jesús ya estaba muerto según el espíritu, y también según el espíritu, ya había resucitado antes de entrar en el sepulcro. Con su mirada omnisciente, visita ahora los sitios de sus apariciones póstumas y de Pentecostés, como sin duda habría hecho en numerosas ocasiones con el Calvario mientras caminaba por los alrededores de Jerusalén. ¡Qué escalofríos recorrerían el cuerpo del Hijo del Hombre cuando salía de la puerta de Efraín y tomaba el camino del Gólgota mientras veía aquellas flores de color escarlata! ¿No podría predecir con exactitud dónde se alzaría esa cruz que tenía su lugar preparado desde el comienzo de los tiempos?

Y ahora, mientras contempla el cenáculo, ve el futuro. El corazón de Jesús se llena de esperanza al anticipar las obras del Espíritu. Pese a estar golpeado por un dolor que parece sobrepasarle, encuentra consuelo en los recuerdos y alegría en la espera. Las efusiones de la Última Cena no son sino un presagio de las maravillas que va a ganarse para su obra. Jesús profetiza sin apartar los ojos de la escena; la cruz es el nexo entre dos eras, y la armonía entre ambas es nuestro objeto eterno de contemplación.

Inmediatamente después de la muerte del maestro, los atemorizados discípulos tratarán de recuperarse del pánico. Se reunirán para

para hablar de Él y dedicarse a la oración. Los discípulos de Emaús, a su vuelta a Jerusalén, encontrarán reunidos una vez más a «los once y a los que estaban con ellos»[39]. Las mujeres que habían visto la tumba vacía también acuden al encuentro de un grupo formado por los once «y el resto», es decir, aquellos íntimamente unidos a los apóstoles y que, junto con ellos, rodean a María.

El lugar en el que se reúnen no es ningún misterio, pues aparece nombrado en el pasaje en el que los once entran en la ciudad tras presenciar la Ascensión: «Y cuando llegaron subieron al cenáculo donde vivían [los apóstoles]»[40]. Se encuentran, por lo tanto, en el cenáculo, «junto con algunas mujeres y con María, la madre de Jesús, y sus hermanos»[41] (es decir, los primos de Jesús).

Esta misma casa que acogió la despedida en la noche del Jueves Santo y recibió al resto del grupo cuando el sepulcro parecía haber puesto un punto final a todo, será testigo ahora de la reunión del grupo y se convertirá en el lugar donde se confirme la fe vacilante de los discípulos.

Mientras tanto, en la cruz, Jesús perdona la fragilidad de estos pobres seres humanos de tal manera que diseña precisamente los medios para superarla: se mostrará vivo a los que duden de su resurrección, glorioso a aquellos que pensaban que estaba derrotado y afectuoso en todas las ocasiones con aquellos contra los que cabría guardar algún reproche. Es cierto que les reprochará, puesto que, en las vísperas de su misión, no se puede permitir pasar por alto la flaqueza. Sin embargo, lo primero que hará será calmar los ánimos con su saludo habitual: «La paz esté con vosotros»[42]. Luego, al ver que los discípulos siguen atemorizados y con dudas, puesto que Jesús se había presentado de improviso «con las puertas del lugar donde se habían reunido cerradas» y temían que pudiera tratarse de un «espíritu», les dirá: «¿Por qué os asustáis, y por

---

[39] Lc 24, 33b

[40] Hch 1, 13.

[41] Hch 1, 14b.

[42] Lc 24, 36b.

qué admitís esos pensamientos en vuestros corazones? Mirad mis manos y mis pies: soy yo mismo. Palpadme y comprended que un espíritu no tiene carne ni huesos como veis que yo tengo»[43].

Aún seguirán vacilantes, pero esta vez de pura sorpresa, con un sentimiento de alegría ante el cual temen ceder, no sea que les decepcione. Entonces Él les pedirá algo para comer y le ofrecerán un trozo de pez asado. Lo tomará y lo compartirá con ellos, como si el banquete eterno que había anunciado en la cena estuviera teniendo lugar allí mismo y los discípulos ocuparan los puestos de sus invitados.

Además, Jesús permitirá que uno de los suyos no esté presente en este encuentro; será una astucia divina para ayudarles a probar la fe. Tomás, el incrédulo Tomás, un hombre entusiasta, pero algo testarudo, se mostrará escéptico acerca de las noticias que le traen sus hermanos: «Si no le veo en las manos la marca de los clavos, y no meto mi dedo en esa marca de los clavos y meto mi mano en el costado, no creeré»[44].

Tomás es el prototipo del hombre que no entra en razón, que no está contento con recibir la información a través de alguien, y que rechaza la ley de la solidaridad (principio que se aplica a la difusión del conocimiento en cualquier otro campo). A él le hace falta tener sus propias pruebas, quiere que la providencia se adapte a sus propios deseos. Jesús le reprocha esta conducta, pero finalmente cede, y cuando le demuestra a su discípulo el amor que le tiene, este exclama: «¡Señor mío y Dios mío!»[45].

*   *   *

A partir de aquel momento, el cenáculo está llamado a cambiar de función, como consecuencia de la celebración de la cena; pasará de ser una sala de invitados o un comedor a ser un lugar de oración y de religiosa espera: una capilla provisional hasta que la «madre de

---

[43] Lc 24, 37-39.

[44] Jn 20, 25.

[45] Jn 20, 28.

todas las iglesias» la suceda y consagre el culto solemne al vencedor de la muerte.

María, las santas mujeres y los discípulos acudirán allí para honrar el recuerdo sagrado y la presencia mística. Es un lugar sagrado. Y la mirada que le dirige Jesús desde la cruz consagra una vez más esta sala bendita como santuario perpetuo, como la casa del pan nuevo y la morada del Espíritu Santo.

* * *

Jesús había dicho: «[...] si no me voy, el Paráclito no vendrá a vosotros»[46]. Gracias a la cruz, este huésped viene a nosotros. Tan pronto como se pagó el precio y las almas se dispusieron para recibirlo, Él, el Paráclito, viene de ahora en adelante para realizar su misión solemne y perpetua. Le acompañan signos estruendosos: un fuerte viento que hace temblar a toda la casa, un fuego que se reparte en lenguas llameantes para posarse sobre cada uno de los presentes, un poder que se manifiesta en el don de lenguas, símbolos en definitiva que reflejan la misión de los discípulos y la obra de la Iglesia. Pero si bien es cierto que se puede ver al Paráclito desde el exterior, es especialmente en el interior donde actúa, pues se le reconoce sobre todo en los movimientos de nuestros corazones.

El Espíritu divino es un Espíritu de santidad; es el que crea la «Santa» Iglesia. No es que la haga impoluta o que sus miembros, o incluso sus jefes, estén libres de pecado, sino que la hace brotar de una fuente de santidad. Con el manantial de santidad del que bebe la Iglesia sucede lo mismo que con el agua que corre velozmente en el centro del río y fluye con lentitud en las orillas o en los remansos. Cada uno de nosotros, con la ayuda de Dios, puede elegir el ritmo que desee seguir. Lo importante es llegar a estas aguas.

Venid, vosotros los hombres, pecadores en Adán, siempre expuestos al peligro del pecado por vosotros mismos, todos culpables en cierto grado, lastimosamente débiles, ¡venid! La regeneración os espera aquí y, con ella, la fuerza y la defensa.

---

[46] Jn 16, 7.

El Espíritu divino es un Espíritu de organización. Antes de crear a la «Santa» Iglesia, debe crear primero a la Iglesia. Ha de convertirse en el alma de este cuerpo, estimular sus funciones, establecer una subordinación entre las partes y enviar un impulso a través de un principio unificador que servirá de gobierno, lo que los teólogos llaman el orden. La elección de Matías en el cenáculo es el primer signo de esta función del Paráclito que se manifestará perpetuamente en la jerarquía. Dios hace de ello una gracia social, un don colectivo del que proceden muchos otros.

El Espíritu divino es también un testigo. El Señor había dicho: «Él dará testimonio de mí»[47]. Y qué poderoso es el testimonio que da el Espíritu de Jesús. Lo hace a través de la palabra, a través del martirio, los talentos y la virtud. Da testimonio con la vida de los individuos y de los pueblos. Y a esto le añade los milagros que suscita en el camino a través de los siglos. Da testimonio, diría, con la misma constitución de lo que Él ofrece, mediante la armonía interior que nos manifiesta y, personalmente, no conozco un testimonio mayor que este.

La vida testifica a la vida; el ser, al ser. Lo que de manera congruente se sostiene por sí mismo lleva la impronta de Dios. Ahora bien, el Espíritu de Cristo es una vida plena, una armonía sin ninguna nota falsa, una lógica que nunca flaquea, y su sencillez revela el arte creador.

No hay más que ver la sencillez divina del evangelio y del catecismo, la sencillez de alma de Cristo y de las almas de los santos. De manera inefable contiene una sabiduría sobrehumana y el estilo limpio y puro con el que esta sabiduría gusta de difundirse, como el agua clara sobre un cristal, revela toda la profundidad de estas maravillas.

Los que comprenden esto se sienten atraídos por ello de forma irresistible. El misterio embarga al espíritu, pero la convergencia y la coherencia que mantienen los misterios entre sí son como un rayo de luz que lo ilumina todo. Percibimos que la Verdad está ahí

---

47 Jn 15, 26b.

porque ahí está la Unidad, con la que la Verdad es una sola cosa, y de ahí surge la certeza que hace que el misterio sea una dicha.

No hay ninguna doctrina creada por el hombre que pueda unificar y reconciliar todas las manifestaciones de la vida. A la túnica sin costuras solo se la ha visto una vez: está ahí. El Espíritu Santo nos la muestra y el tejido de esta túnica hecha de rayos refulgentes emite una sola luz.

La palabra del Espíritu Santo es tan clara como la voz del océano por la noche. Es en medio de la noche cuando el mar gigantesco aúna en un solo estruendo los rugidos dispersos de las olas. El Espíritu Santo es la única explicación, igual que un día será el único poder y la única alegría por siempre, porque Él es la paz feliz y radiante.

Es más, a causa de todo ello, el Espíritu divino será un Espíritu de victoria. Insuflará su fuerza por todos los confines de la tierra y sacudirá al universo por completo, como ya lo hizo con aquella pequeña casa en lo alto de la colina. A través de Él, el Hombre que ha sido levantado de la tierra atraerá a sí todas las cosas. Será como un fuego que consume, que ilumina a lo lejos; un fuego que se lleva todo por delante e incendia bosques y montañas. «Fuego he venido a traer a la tierra, y ¿qué quiero sino que ya arda?»[48], dijo Jesús. Para llevar a cabo este deseo, no deberá hacer más que arrojar esta antorcha.

Su obra no será como la de cualquier hombre de gran genio, que en todo caso tendría una trascendencia limitada. ¿Quién de los mortales podría haberse atrevido a decir: «Id, pues, y haced discípulos a todos los pueblos»[49]? ¿Acaso la siguiente generación no lo habría tomado por loco?

Los nombres más grandes de la historia perduran tan solo en la memoria. Los descendientes que han sobrevivido a los grandes héroes han sido por lo general insignificantes, transitorios y a menudo desleales. No poseían el poder que tuvo Jesús para comunicar a esta progenie un Espíritu de vida.

---

[48] Lc 12, 49.

[49] Mt 28, 19a.

Aristóteles, Alejandro Magno, Miguel Ángel o san Luis de Francia vieron sus obras arruinadas por sus sucesores, por pobres imitadores o por los que se hicieron llamar discípulos suyos con el único propósito de adquirir una reputación para ellos mismos basada en lo que otros habían construido. Jesús salva su obra y la hace vivir, porque Él vive para siempre en ella. Posee el medio para preservar esta inspiración desde los comienzos; para darle una juventud perenne; para convertirla en la fuente de agua que salta hasta la vida eterna, de la que habló a la samaritana. Y este medio es el Espíritu Santo.

Gracias al Espíritu Santo, la Iglesia universal, tan variada en su diversidad local y en toda su superficie, siempre es la Iglesia. La Iglesia lleva a cabo el ideal de «permanencia de la especie» que, en los seres vivos, siempre puede flaquear. El principio rector es inmutable en esencia y así permanece mientras la Iglesia avanza en todos sus frentes, como un ejército que usa todas las armas, pero se guía por un solo plan. El dogma de la Iglesia, la doctrina moral, la disciplina, la liturgia sacramental, la constitución jerárquica son esencialmente hoy los mismos que eran ayer en los años de san Pablo, los que ya existen en los tiempos del cenáculo.

Es cierto que han aparecido enfermedades a nivel individual, y muy numerosas. Incluso ha habido epidemias colectivas, pero siempre ha sido la Iglesia la que las ha padecido como un cuerpo que está vivo y adolece de algún defecto en uno u otro miembro o función. Y no por ello la Iglesia ha quedado reducida a un estado cadavérico. La enfermedad, al igual que la de Lázaro, «no es de muerte»[50]. La Iglesia nunca muere, su corazón palpita con vida y son precisamente los momentos de enfermedad los que suscitan reacciones fuertes y maravillosas por parte del Espíritu Santo.

La tribulación es un tiempo de santidad y heroísmo. En cada época difícil, parece que siempre han existido grandes personalidades llamadas a ser la reserva espiritual que concentren el ánimo de la sociedad; son la levadura del futuro. Y esta es la actividad del Espíritu Santo: es un fuego interno, una llama viva similar a la que sostiene nuestros cuerpos y anima nuestros hogares y ciudades.

---

[50] Jn 11, 4.

Finalmente, tras haber dicho que el Espíritu divino es un Espíritu de victoria y de organización, no parece que sea necesario mencionar que también es un Espíritu unificador. Sin embargo, el aspecto universal de esta unidad es digno de atención. El Espíritu Santo va más allá de las diferencias que hay en la Creación, es el Espíritu de los espíritus, el Espíritu de los seres. Todas las cosas dependen de Él y cuando se agita, cabe esperar que todo el universo entre en movimiento.

Antes de Pentecostés, el mundo estaba en caos. Si había algo de orden, como por ejemplo en la sinagoga, era en virtud de la acción anticipada del Espíritu, pues el influjo que ejerce en el cenáculo también se extiende sobre las edades pasadas. Pero es la influencia sobre el futuro la que revela la grandeza de su poder. El Espíritu Santo concentra el universo y todos los tiempos en un mismo punto, reúne en un pueblo «a los hijos de Dios que estaban dispersos»[51]. Aquellos que creen escapar a esta fuerza de atracción realizan de una manera diferente los designios del Espíritu Santo, siempre al servicio del interés de los elegidos.

El mundo estaba inanimado, era un cadáver, un Lázaro envuelto con vendas que ya olía a corrupción, después de que los elementos y las fuerzas se hubieran disgregado. El Espíritu de Cristo restaura el principio unificador de la vida. De esta manera, el universo se levanta y recobra su vigor una vez más.

El lenguaje de la cristiandad pone de manifiesto esta unidad cuando presenta la doctrina que codifica y contiene la vida como una e idéntica en todos los siglos y en todo lugar. A pesar de los diferentes acentos que podamos escuchar aquí o allá, ayer u hoy, el lenguaje de la cristiandad se articula en una sola voz a través de los tiempos, en cada pueblo y civilización. Habrá numerosos testigos, mas un solo testimonio. El don de lenguas, que se le ha concedido a la doctrina cristiana de la misma manera que a los primeros predicadores, es el don de hacer que las gentes escuchen en diversos idiomas espirituales una lengua única. Es el don que difunde la luz blanca del cielo a través del prisma del conocimiento humano.

---

[51] Jn 11, 52.

Debido a la acción del Espíritu Santo, el mensaje de Jesús da forma a un nuevo mundo, que constituye uno solo con el mundo en el que peregrinamos. El reino de Dios está por todas partes y el Espíritu Santo es su luz. Y como hay una sola luz, también hay una única orientación, una acción, un resultado, que es la vida eterna, percibida aquí de forma invisible y claramente en el reino de los cielos.

El Espíritu divino es un Espíritu de eternidad, el agua viva que Jesús da debe remontar hasta su nivel; bajó del cielo y salta hacia el cielo, para permanecer allí por toda la eternidad. El cielo es su cauce, y si Cristo «resucitado de entre los muertos, ya no muere más»[52] y si Él quiere y concede que «donde yo estoy también estén conmigo los que Tú me has confiado», es porque el Espíritu Santo sopla entre el Padre y el Verbo. Y en el Verbo hecho carne y por medio de Él, nosotros recibimos la vida divina de la gracia.

La sangre corre ahora por la cruz y el Salvador gime de dolor, pero esos gemidos se parecen a los que lanza el trabajador mientras se dedica con ahínco a su tarea. Una vez que culmine la obra, será evidente que los medios empleados y el fin alcanzado se hacen proporcionales y que el testigo eterno no mintió..

---

[52] Rm 6, 9.

5. El monte de los Olivos

A los ojos de Jesús, desde su puesto de observación, el monte de los Olivos cobra una importancia proporcional a la que tuvo durante la Pasión y la vida pública en Judea. Es el remate del marco natural que rodea a la cruz y, después de ser el lugar donde se inició el gran conflicto, será el punto de partida para una misión gloriosa.

El lugar llamado Getsemaní se encuentra al pie de la colina, en un nivel más bajo que el calvario. Jesús no lo puede ver desde la cruz, ya que el pórtico de Salomón lo oculta de la vista, como las grandes montañas esconden las bahías.

En los evangelios, recibe el nombre de «monte de los Olivos». En cambio, Flavio Josefo lo llama «el monte del olivar», o simplemente «el olivar». A menudo se le denomina «monte Olivete», del latín *olivetum*. Su cima cierra el extremo oriental del horizonte de Jerusalén y puede verse desde cualquier punto de la ciudad. Para quienes viven en Jerusalén, tiene un poder de atracción irresistible, pues sobre él la luz brilla con especial encanto, por no hablar de la preeminencia y la relevancia simbólica que posee el lugar.

A finales de otoño, a partir de las cuatro de la mañana, se puede ver cómo el amanecer extiende un velo de tonos azules, verdes, rosas y dorados sobre este monte. Está animado, pero mantiene la calma bella de una muerte dichosa. Mientras tanto, en el cielo, a través de las finas capas de nubes, brilla una joya resplandeciente que centellea vivamente como la lanza de un arcángel, con una luz de incomparable dulzura. Es el lucero de la mañana, que Jesús convirtió en símbolo suyo.

En el *Apocalipsis* podemos leer lo siguiente: «Yo soy la raíz y el linaje de David, la estrella radiante de la mañana»[53], y también: «Al que venza y al que guarde hasta el fin mis obras [...] le daré la estrella de la mañana»[54]. El cristiano que haya vivido en Palestina sabe lo que significa esta promesa. Puede comprender por qué se asocia esta estrella brillante con la apoteosis mortal del Salvador. Aquella mañana del catorce de nisán, Jesús vio aparecer este símbolo puro antes de la salida del sol para verlo después desvanecerse con gracia, como Él pronto habría de hacer, ofreciéndose confiadamente en los brazos del Padre.

Al atardecer, el monte de los Olivos solo recibe el reflejo de la luz del ocaso. Sin embargo, es el mejor momento; la puesta de sol parece convertirse en un amanecer, pues posee toda la calma y la belleza serena propias del alba. Frente a las sombras violáceas, atravesadas por luces verdes y doradas, se distingue pálida la cima del monte. Las volutas oscuras de nubes grises cuelgan ligeramente sobre ella y caen sobre las sombras aún transparentes del fondo del valle. La noche se cierne imperceptiblemente, siempre luminosa, y cuando hay luna llena, el esplendor virginal de este astro plateado descansa de forma inefable sobre la tenue luz violeta.

Realmente, el monte de los Olivos es para Jerusalén la tierra de la luz. Su encanto reside en que fue un halo de luz para Jesús durante sus días en Tierra Santa. Cuando salía del Templo por la puerta Dorada, lo tenía de frente; cuando volvía de Betania por la mañana, veía brillar con tonos rojizos la fina silueta de este monte antes de usarlo como promontorio frente a las fastuosas cúpulas de la ciudad.

El camino entre Jerusalén y Betania que continúa hasta Jericó divide el monte en dos partes casi iguales. Para llegar al Jordán, existe otro camino más al sur que no está tan empinado y hay también una tercera senda que se dirige al norte. La vía del medio es la que nos interesa, ya que Jesús la recorrió en numerosas ocasiones durante su vida pública. Antes de Él, su antepasado David subió

---

[53] Ap 22, 16b.

[54] Ap 2, 26-28.

por esta ladera cuando huía de Absalón y sufrió sin tomar vengan-za los insultos de Simei, que arrojaba piedras y polvo contra él a su paso. El ejemplo del perdón de la cruz estaba allí desde antiguo.

Este camino ascendente es el último que Jesús recorrió en la tie-rra. Es el mismo que tomó el buen samaritano, a quien Jesús en-carna simbólicamente. Al costado de esta ruta se encontraban los dos ciegos (hermanos nuestros) que fueron sanados. Y al final de este camino, en Jericó, otro de nuestros hermanos, Zaqueo el publi-cano, bajó del sicómoro para recibir el perdón y la paz en su casa, la de un pecador.

En la base oriental del monte, los tres caminos se adentran en un terreno inhóspito: el desierto de Judea, sembrado con tiendas negras, con cortes y ondulaciones en cualquier dirección, como si fueran olas que han quedado congeladas mientras se levantaban. Allí, la soledad es dura y solemne como las palabras de los profe-tas, tan severa como las del pastor Amós, que lanzaba anatemas contra Tecoa, ciudad que se encontraba en los límites de este de-sierto.

Desde allí sopla el viento abrasador que agosta las tierras de Judea, como el aliento del maligno deja estéril a las almas. Los an-tiguos judíos veían en este desierto la región del pecado; la proxi-midad del mar Muerto despertaba en sus mentes el recuerdo de los castigos divinos. Por ello, cada año mandaban a este desierto el chivo expiatorio que cargaba con los pecados de Israel. Se maldecía solemnemente frente al altar a este animal, antes de conducirlo al valle del Cedrón, desde donde se precipitaba al profundo abismo como sacrificio por el pueblo.

Mientras Jesús miraba hacia allí desde la cruz, no podría evitar pensar que Él estaba haciendo las veces de este animal maldito, ya que había sido llevado fuera de la ciudad aquel mismo día, expul-sado del mundo, conducido a la muerte y convertido en el ser hu-millado que toma sitio en silencio para ser contado entre los chi-vos.

En este terreno árido y sin agua, sobre esta tierra cubierta úni-camente de silencio, de ardiente sol y de viento, vivió Juan el Bau-tista mientras tomaba su parte como precursor del Mesías. En este desierto, abrirá el futuro camino de los pueblos en obediencia al antiguo profeta: «En el desierto preparad el camino del Señor, en la estepa haced una calzada recta para nuestro Dios»[55].

Vestido con el pelaje del camello, el material que usaban los beduinos para construir sus tiendas, y alimentado de langostas asadas y miel silvestre, Juan pasaba por la tierra extrañamente sobresaltado, movido por un espíritu poderoso. En él, el Nuevo Testamento se encuentra a sí mismo en el Antiguo, y el Antiguo se esfuerza por completar su metamorfosis. El pasado estaba lleno de una gran expectación y se estremecía al figurarse lo que depararía el futuro.

Juan era la voz en el desierto que clamaba pidiendo el agua fresca, la lejana voz que llamaba al «que viene después de mí», la voz de la justicia firme y de la virtud legal, que invitaba al ensanchamiento del alma y a la penitencia purificadora para recibir la venida del amor. Así era Juan el Bautista, su voz llenaba Judea como la voz de Jesús habría de llenar pronto todos los rincones de la tierra.

No debemos olvidar que Jesús quiso asociarse con este periodo de preparación y, en cierta manera, será precursor de sí mismo. Durante cuarenta días al comienzo de su vida pública, vivió en el desierto, dedicándose a la oración y al ayuno, poniendo en orden sus planes divinos, preparando el futuro, aceptando y adaptando su obra y eligiendo a aquellos que debían asistirle, sin ningún otro testigo de por medio que la misma naturaleza en esta inauguración del Reino.

Permaneció no muy lejos del Jordán, en la zona conocida ahora como «la región de los cuarenta días», entre chacales y panteras pequeñas, como los que aún pueden encontrarse allí en estos días. Tenía por vecinos, parece que por primera vez en su vida adulta, a los seres invisibles, las legiones de su Padre que le acompañaban adonde fuera. Podía enfrentarse a la soledad, porque llevaba al universo consigo.

La mirada de un Jesús moribundo se posa sobre otro enclave más cercano, dentro de las murallas de la ciudad, un lugar de gran im-

---

[55] Is 40, 3.

portancia simbólica que Él mismo había consagrado. Me refiero a la piscina de Siloé, adonde el ciego de nacimiento tuvo que ir para completar su curación milagrosa. El hombre que había nacido sin visión es imagen del ser humano, que sufre ceguera por naturaleza, y Siloé es imagen del «enviado», es decir, el Mesías, quien comienza ahí su misión purificadora mediante el agua para terminar por cumplirse más tarde mediante la sangre.

En el mismo campo de visión, pero bastante más lejos, se encuentran Maqueronte, donde tuvo lugar la ejecución del Precursor, y el monte Nebo, donde fue enterrado Moisés y, con él, su esperanza.

Volviendo al monte de los Olivos, debemos mencionar también la aldea de Betfagé, situada en las laderas orientales más bajas del monte. Jesús no la puede ver, pero parece que fuera ayer cuando mandó soltar al borrico y preparar lo necesario para aquel fugaz triunfo sobre las calles de la ciudad, las mismas en las que derramará sus lágrimas. Un triunfo decisivo únicamente en la medida en que sirvió para que se pronunciara su sentencia de muerte. Este triunfo guarda relación con el que obtuvo en la tumba de Lázaro, puesto que, precisamente al liberar a Lázaro de sus vendas, abrió la puerta de su propio sepulcro.

A los visitantes se les muestra todavía el *Lazarion*, o Tumba de Lázaro, cerca de Betania, conocida ahora como Al-Azariyeh (la ciudad de Lázaro). Ha sufrido varios cambios, pero todavía conserva un aspecto bastante imponente que hace que el milagro se evoque con nitidez. Allí se puede ver la cueva de la que emergió aturdido aquel hombre que salió de la inmensidad de la noche. Todavía está allí la hendidura que dejó la roca. El lugar en el que Jesús estuvo de pie apenas habrá cambiado y tampoco puede haberlo hecho el sitio donde se encontraban las dos hermanas. La escena se puede contemplar de la misma manera en la que la vio Rembrandt al pintar su gran acuarela, un cuadro algo dramático, quizá porque muestra a Jesús consternado; no obstante, causa una gran impresión y está lleno de misterio.

*   *   *

Si nos fijamos de nuevo en Jesús en el monte de los Olivos, debemos concentrar nuestra atención en tres puntos: a los pies, el Getsemaní; en las laderas, cerca de la cima y mirando hacia Jerusalén, un sitio en el que Jesús solía detenerse cuando iba de camino a Betania con los discípulos y donde aún resuena el eco de sublimes discursos; y en la cima, el lugar de la Ascensión.

Casi con total seguridad sabemos que Getsemaní significa «prensa de aceite». Era un terreno vallado dentro del gran olivar que cubría por completo el monte. Como ocurría con las uvas en los viñedos de Judea, también aquí se había instalado una prensa para extraer el aceite de las aceitunas que se recogían. Había sombra abundante; uno encontraba descanso o soledad bajo aquellos olivos de hojas plateadas y cuando hacía bueno, incluso podía pasar la noche a la intemperie.

En cierto modo, era un lugar sombrío. Ubicado en las «raíces del monte», como dice san Jerónimo, se elevaba tan solo un poco sobre el valle del Cedrón y quedaba por debajo de las altas murallas de Moria y del pináculo del Templo. La fortaleza Antonia se erguía amenazante en la distancia y a la izquierda se encontraba el valle de Josafat con sus tumbas.

Jesús acostumbraba ir a Getsemaní cuando necesitaba un lugar de retiro fiable; esos melancólicos alrededores le tranquilizaban. Solía rezar allí, alejado de cualquier perturbación, y acompañado únicamente por un par de amigos íntimos de los que podía separarse cuando quería estar solo. La fragilidad de su carácter humano encontraba amparo en la naturaleza, en la soledad y en aquellos parajes sombríos, a la misma vez que se refugiaba en el Padre.

A veces, decidía pasar la noche allí, en las ocasiones en las que salía tarde de la ciudad o cuando se quedaba rezando hasta bien entrada la noche. Entonces, el Getsemaní se convertía en un dormitorio sagrado y los discípulos tenían el privilegio de contemplar el misterio por el que Jesús caía en la suave inconsciencia del sueño al mismo tiempo que seguía albergando el infinito en el corazón. Dios se dignaba dormir apoyado sobre un tronco, con la cabeza sobre los brazos, mientras los discípulos se echaban por alrededor. Aquellos pobres mortales, profundamente dormidos mientras Él se dedicaba a velar en la vigilia celestial. Y el apóstol Juan, sin duda, estaría acurrucado junto al Señor, descansando la mejilla sobre su manto.

Pero llegaba el día en el que Jesús habría de estar allí solo, incapaz de dar reposo a su afligido corazón, sin poderse apoyar en la compañía de los doce.

Algo más arriba, no muy lejos de la cima, se encontraba otro enclave familiar. Era un simple alto en el camino, pero uno podía refugiarse allí bajo el abrigo de una gruta cercana, a la que la tradición primitiva le ha dado el nombre de «la gruta de la enseñanza». Sabemos que Jesús se detuvo allí una tarde de camino a Betania y anunció la ruina del Templo mientras lo veía desde allí. En la misma ocasión, describió el fin del mundo y terminó por pronunciar grandes exhortaciones morales.

En cuanto al lugar de la Ascensión, no aparece determinado con exactitud en las Escrituras. San Lucas lo ubica en las proximidades de Betania[56], aunque los *Hechos de los Apóstoles* nos dicen que está en «[...] el monte llamado de los Olivos, que está cerca de Jerusalén a la distancia de un camino permitido el sábado»[57]. La cima del monte, que quedaba algo atrás, responde en gran medida a estas indicaciones, y allí buscaremos nosotros las huellas divinas.

*   *   *

Como hemos mencionado antes, Jesús contempla todas las cosas desde el punto de vista de la eternidad, con un espíritu profético y

---

[56] Ver Lc 24, 50-53.

[57] Hch 1, 12. El *camino de un sábado* es la distancia que un judío podía caminar fuera de la ciudad sin traspasar la ley del Sabbath. No le estaba permitido recorrer más de 2000 codos, lo que es aproximadamente un kilómetro.

de recuerdo. Lo que es, lo que era y lo que será forman una misma presencia ante Él. Igual que cuando miraba hacia el cenáculo, proyectaba sobre él la visión de la cena pasada y del Pentecostés que estaba por llegar, también sobre el monte de los Olivos tiene el poder de contemplar un doble abismo, uno de dolor y gloria.

Cuando Jesús acabó de celebrar sobre el monte Sion la cena que debía ser el memorial de su partida, tras haberles explicado con detalle a los discípulos el significado de lo que había hecho, dijo: «¡Levantaos, vámonos de aquí!»[58], deseoso de proseguir mientras caminaban. El pequeño grupo se puso en marcha en dirección al Ofel, cruzando la ciudad, completamente desierta a esa hora. Descendieron la pendiente empinada hasta llegar a la muralla y cruzaron por la puerta de las Aguas. Aunque es menos probable, puede que pasaran por Siloé y la puerta de la Fuente. En cualquier caso, ambos caminos conducirían al Cedrón, al valle de Josafat, a las tumbas y, finalmente, a la tumba más terrible de todas: la agonía del corazón.

Eran cerca de las diez de la noche y la luna brillante de Oriente, ahora en su plenilunio, bañaba la tierra con luz abundante. Las rocas la reflejaban, las piedras de los sepulcros relucían, las antorchas de los verdugos eran innecesarias y el sonido de las espadas y los bastones se escuchaba con claridad en esta silenciosa noche.

El peregrino que siga los pasos de Jesús a esta misma hora de la noche del Jueves Santo y una su espíritu al grupo de los doce bajo la misma luna de nisán caminará ciertamente por donde pisó el Señor, sobre las piedras del angosto camino. No podrá evitar postrarse y besar este suelo pedregoso. El lugar había quedado maldito después de la traición de Absalón y, todavía hoy, el judío o mahometano que pasa por allí lanza piedras al traidor, pero también Jesús recorrió ese camino y sabemos que ninguna maldición puede sobrevivir a sus pisadas. Absalón es una imagen de nosotros; Jesús ha borrado nuestros delitos. Las lágrimas que se derramen en este lugar, ya sean las de Jesús o las de los penitentes, no serán amargas nunca jamás.

---

[58] Jn 14, 31b.

A unos pocos pasos de distancia remontando el valle, el grupo se encontrará bajo la magnífica sombra del pináculo del Templo, pero la senda continuará iluminada radiantemente, ya que la luna estaba alta. A la derecha, se halla el camino que lleva a Moab, al Jordán y al mar Muerto. Toda esta ladera estaba repleta de viñedos perfectamente orientados al sol y de buen aspecto. Jesús aprovecha estas vistas para elaborar una de sus metáforas más notables: «Yo soy la vid, vosotros los sarmientos [...]»[59].

El grupo avanza lentamente; el recorrido era breve y Jesús tenía mucho que decir. Es probable que pararan y se sentaran durante algún tiempo sobre algunas rocas o sepulcros, pues existen muchos asientos naturales en este sendero.

Después de pasar por la «tumba de Absalón» y otras fosas similares que se alzaban como gigantescos espectadores que observaban al transeúnte con unos ojos totalmente oscuros, el sendero deja atrás el valle para llegar a las «raíces del monte», donde se encuentra el Getsemaní.

Parece evidente que Jesús no tenía intención de alojarse esta noche donde solía hacerlo en Betania. Amenazado por sus enemigos, no se pondría en marcha hacia allí. No pasaría la noche de su última vigilia con aquellos amigos queridos. La Pasión había comenzado; el encuentro es ahora con la cruz y con el sepulcro.

Como de costumbre, Jesús entra en el jardín con los doce y, en principio, todo parece transcurrir con normalidad, salvo por el hecho de que Jesús, a quien normalmente le gustaba rezar solo, prefiere que esta vez le acompañen Pedro, Santiago y Juan, sus favoritos. A los demás, les invita a esperar sentados sobre la hierba, como si quisiera reunirse pronto con ellos para continuar con su discurso o seguir subiendo la colina juntos.

En este momento, la gran alma de Jesús, que hasta ahora había mostrado una fortaleza perfecta, comienza a inquietarse, turbada por una visión espantosa, tan violenta que queda presa del estupor antes de sentir el miedo y el abatimiento (ἤρξατο ἐκθαμβεῖσθαι). Jesús se tambalea, y como si fuera incapaz de quedarse a solas con esta pesadilla, la comparte con los discípulos, preocupado, quizá,

---

[59] Jn 15, 5.

por explicarles el cambio brusco de su semblante: «Mi alma está triste hasta la muerte»[60], manifiesta. El «Fuerte» del que hablaba el profeta, el «Consejero maravilloso», que pronto vencerá a la muerte y al sufrimiento, pide ayuda. «Quedaos aquí y velad conmigo»[61], les dice. En varias ocasiones les había pedido que velaran, pero esta es la primera vez que añade «conmigo». No es únicamente una cuestión de vigilancia, el Salvador está implorando piedad.

Entonces da comienzo la agonía sobrehumana de la que no nos ha sido revelado aún el misterio. Al inicio de su Pasión, al igual que al inicio de su vida pública, Jesús entra en el desierto. Pero se trata del desierto del alma, mucho más desolador e imponente que el de Juan el Bautista. Allí no dejará pasar ningún tipo de consuelo.

Jesús no solo se arrodilla, sino que «cae» de rodillas, postrado con la cabeza en el suelo. Se le ofrece un cáliz imposible de beber. Tiembla con tanta violencia que las lágrimas no solo salen de sus ojos, sino de todo el cuerpo, y llevan consigo gotas de sangre. Llora con todo su ser; llora tanto como sangra. Esas lágrimas y esa sangre serán para Él el rocío de su última noche en la tierra.

Jesús había dicho: «Mi alma está triste hasta la muerte». Pero las palabras no eran suficientes, la pena de Jesús debía traspasar las barreras de la muerte, que afecta únicamente al cuerpo. Hay límites para lo que el cuerpo puede aguantar; existen sufrimientos que rompen el corazón humano, pero si Dios quiere, Él puede sostener este hermano frágil del alma para que sea el espíritu el que sufra el dolor. La muerte detendrá la mano cuando supere el umbral de la agonía, pero para el alma no habrá ningún límite. Vendrá un cáliz sobre otro hasta dar paso a la cruz, que será recibida como un consuelo. ¿Quién podrá descender hasta estas profundidades y describir cómo, después de que cayeran lágrimas de sangre, brota otro torrente de lágrimas aún más caudaloso, que baña el alma divina como una corriente en el fondo del mar?

No podemos abarcar la visión de Jesús al completo, pero podemos intuirla. En primer término, aparece la muerte con su séquito

---

[60] Mt 26, 38.

[61] *Ibidem.*

de dolores y sufrimientos. La cruz se ha alzado bruscamente ante Él. Cierto es que en sus pensamientos le es familiar, pues la ha aceptado desde el principio, refiriéndose al mañana como «su hora» y afirmando que «para esto he venido a esta hora»[62]. Sin embargo, ¿no conocemos la profundidad espantosa que una imagen puede tomar, aunque haya sido atenuada por la costumbre? Cuando el dolor lo invade todo y la mente se concentra en él por completo, la tortura excede todos los límites, y esto le ocurre al Hijo del Hombre.

«Mi corazón se estremece en mi interior, me asaltan pavores de muerte; me invaden temor y temblor, me cubre el horror»[63]. Si la agonía de Jesús se pudiera poner en palabras, estas expresiones del salmista reflejarían fielmente el estado en el que se encontraba. Los pensamientos de angustia lo flagelaban y el conocimiento de lo que le aguardaba lo crucificaba. Las visiones lo arrastraban cuesta arriba por el jardín hasta la casa de Anás, donde vivía Caifás, y hasta la fortaleza Antonia, atravesando callejones para encontrarse con la muerte y el sepulcro. Lo ve todo. Por un momento, se deja sobrecoger por una obsesión que no puede quitarse de encima. Postrado con la cara en el suelo y los brazos extendidos, experimenta la amargura extrema de su aflicción.

Si ampliáramos un poco más el horizonte, sin dejar pasar ningún tipo de consuelo todavía, ¿qué podríamos ver? Nos daríamos cuenta de que no solo es la cruz de Jesús la que vemos, sino que hay una multitud de cruces. De la misma manera que el valle de Josafat encierra una tumba sobre otra en hileras que llegan hasta las laderas cercanas, en el Calvario interior de Jesús y en el paisaje de alrededor se apilan unas cruces sobre otras. Estas se agolpan, chocan entre sí; las hay de todos los tamaños, de toda clase de madera. Algunas están derechas; otras, se inclinan; las hay también que están tendidas sobre el suelo, pudriéndose como árboles muertos. El espantoso bosque cubre montañas y llena valles enteros. Se extiende incluso por los océanos, como una flota inmensa cargada de sollozos y suspiros.

---

[62] Jn 12, 27b.

[63] Sal 55, 5 y s.

El Hijo del Hombre viene para adoptar al hombre y toma sobre sí la carga de sus hijos, como si fuera la suya propia. Su dolor no es su dolor, sino el de todo el mundo. Lo vencerá sufriéndolo, igual que muriendo destruirá la muerte. Su alma se adhiere a nuestras penas con más fuerza que con la que ellas se abrazan a nosotros. Por su compasión, Él quita todo lo que en ellas hay de amargo.

Pero para que esta compasión venga en beneficio nuestro, Jesús debe conseguir otra victoria mediante el sufrimiento. Hay algo más terrible que la cruz: aquello que la alza. El castigo es una consecuencia del pecado, y no podemos ignorar que el hombre es pecador.

No tengamos miedo a decirlo con palabras ni nos dejemos llevar por la complacencia blanda para ocultar de nuestra vista el veredicto de la eternidad. La eternidad es el juez veraz que conoce el valor del tiempo y dicta su condena. La humanidad se pervierte: «el mundo entero yace en poder del Maligno»[64], nos dice el apóstol. Y no nos sorprende que el Hermano nuestro, que ha asumido nuestra deuda, sienta el horror que expresaba el salmo en su nombre: «me envolvían los lazos del sheol»[65].

Él ha cargado toda la iniquidad sobre sí mismo: «A él, que no conoció pecado, lo hizo pecado por nosotros»[66]. De ahora en adelante, no es Adán quien se sienta frente al tribunal; el Hombre nuevo ocupará su lugar.

Jesús es quien «sondea los abismos»[67], y el mayor abismo de todos es el del mal moral. El peso de los pecados de todos los siglos le oprime, como aquellos gigantes de la fábula, asfixiados bajo su gran montaña. La carga agota las fuerzas de Jesús y necesitará el esfuerzo colectivo de todas las almas de los creyentes para aliviar este peso terrible.

Jesús es el médico que cura nuestros males con su propio dolor, pero el mayor dolor de todos es el que siente al diagnosticar los

---

[64] 1 Jn 5, 19.

[65] Sal 18, 6a.

[66] 2 Cor 5, 21.

[67] Dn 3, 55.

efectos del pecado en los hombres. Tiene un poder de visión que a nosotros se nos escapa, pues en nuestra debilidad, cerramos los ojos ante el espectáculo que Él contempla. Jesús ve la maldad y la miseria que hay en este mundo y a la que nosotros no podemos mirar. Si cada uno de nosotros se pudiera percatar de todas las atrocidades y agonías que llenan la tierra, ¿quién podría vivir así? Si cada uno de nosotros pudiera verse a sí mismo cara a cara, ¿quién se atrevería a mostrarse a los demás? Nuestro poder de autoengaño nos protege, pero el vidente no se protege, siempre y cuando no recurra a la única fuerza capaz de vencer al mal.

Y ahora Jesús vuelve la mirada hacia su fuerza tratando de reconfortarse mientras espera poder ver sus frutos.

Jesús bajó del cielo para convertir este mundo en un paraíso. ¿No se sentirá tentado de pensar que ha echado a perder el paraíso por traerlo al fango de las inmundicias humanas? Encontrará consuelo cuando ponga en un lado de la balanza todo este dolor y el pecado, y en el otro lado, la cruz. Comprobará que el peso de la cruz contrarresta todo lo demás. Pero ¿y si la misma cruz no es más que un fracaso?

Está claro que la cruz no lo es ni por asomo. Es el arma más poderosa para conseguir la victoria. Pero habíamos dicho que, en este momento, la visión de Jesús se centra únicamente en el dolor, y en estas condiciones, si la misma victoria es relativa, ¿no tomará la forma de un desastre?

El general que cuenta las bajas, los prisioneros y las provisiones que ha perdido, los puestos que no ha cubierto, las posibilidades del ejército enemigo y relativiza su victoria comparándola con un plan más amplio no se deja llevar por la euforia del triunfo. Si se ciñe a los cálculos, pierde de vista los beneficios de la victoria; si es muy ambicioso, considerará su victoria como un contratiempo, puesto que no le parecerá suficiente.

La ambición del Salvador es insaciable. Por una sola alma daría toda su sangre y todo su corazón. Y precisamente por esta misma razón, cuando se pierde un alma, aunque solo sea una, siente que debe dejar y olvidar a todas las demás para salvarla. Lo dice la parábola: «Si a un hombre que tiene cien ovejas se le pierde una de ellas, ¿no dejará las noventa y nueve en el monte y saldrá a buscar la que se le había perdido?»[68].

¡Y cuántas ovejas se pierden, a pesar de la sangre que baña el cayado del pastor! La cruz está plantada en la tierra como un punto de reunión para la humanidad. ¿Cuántos acuden a ella y cuántos se apartan? Nadie lo sabe, aunque hay un gran margen para la esperanza. Los que no han vuelto al redil visible quizá hayan encontrado abrigo en el redil invisible. Puede que quienes están dispersos por el tiempo se reúnan en la eternidad. El final de los finales permanece oculto a nuestra vista y no tenemos respuesta a la pregunta de si el número de los elegidos será grande o pequeño. Lo que sabemos es que hay un infierno y que está poblado, mientras que Jesús ofrece el cielo.

Es más, Jesús organiza la tierra. Tiene un plan de vida para las comunidades, las ciudades, las civilizaciones y las generaciones venideras. No es que se preocupe de lo superficial, sino que son las relaciones naturales entre las personas las que dependen de la doctrina ética que enseña y del objetivo que Él asigna a la humanidad. ¿Qué será de este plan? ¿Qué rastro dejará la cruz en la historia? ¿Serán los cristianos más numerosos o mejores que otros pueblos?

Todo ello es un misterio oscuro. La obra requiere mucho trabajo y los resultados, incluso cuando son tangibles, aparecen muy lentamente, entremezclados con tantos fallos y retrocesos que cualquiera puede predecir qué ocurrirá al final. ¡Qué visión tan tortuosa para aquel que ha venido a «traer fuego a la tierra»!

Al final, se multiplicarán los sufrimientos unos por otros sobre este cuerpo bañado en sangre y sudor. El alma será presa del agotamiento y del presentimiento de los horrores que están por venir. El rechazo de sus hijos le golpeará el corazón. Sus energías desaparecerán ante la aparente inutilidad de sus esfuerzos. Después, conocerá los límites adonde pueden llegar los tormentos.

Jesús entrega el alma con un placer atroz en medio de este mar amargo de dolor. No espera ningún alivio, pues Él mismo se inflige

---

[68] Mt 18, 12.

la pena. El evangelio nos dice en más de una ocasión que Jesús «da la vida voluntariamente». Él mismo añade sus fuerzas al ataque que le dirige el universo por completo y que le turba toda el alma.

No se trata de ningún fallo moral, hablamos de un voluntad de sufrir o, mejor dicho, de una humilde aceptación de acuerdo con el plan de redención. Padecerá todo tipo de dolor y adonde no pueden llegar sus enemigos, que solo alcanzan a dañar el cuerpo, allí será Él su propio verdugo.

*   *   *

Mientras tanto, ¿dónde están los doce? El grueso del grupo ha permanecido junto a la entrada del jardín y todavía estarán allí cuando lleguen los guardias en busca de su cautivo. En cuanto a los otros tres, a quienes Jesús había elegido como confidentes y les había confesado el estado de fragilidad en que se encontraba, a la vez que les pedía humildemente que lo consolaran, se encontraban «a un tiro de piedra del lugar», quizá a una distancia de treinta metros, lo suficientemente cerca para oír los quejidos y darse cuenta del agotamiento del Señor sufriente cuando ellos dormían.

Para una sola vez que Jesús pide la ayuda de los hombres, no la recibe[69]. Estos tres que lo han acompañado en cada paso importante de su vida pública, a los que ha revelado sus secretos, que han sido testigos de la resurrección de la hija de Jairo y de la Transfiguración, lo abandonan después de que Él les demuestre de forma conmovedora la confianza que tiene en ellos al compartir con ellos su fragilidad.

No solo le fallan no aliviando su dolor, sino que, además, ni siquiera son capaces de comprenderlo. Todo ocurre entre Jesús y el cielo. Mejor dicho, al comienzo, sucede entre Jesús y Jesús, a quien el cielo entrega a su propio tormento. En vano cae al suelo y se levanta pidiendo ayuda otra vez para postrarse una vez más. No tiene dónde encontrar reposo, mucho menos entre los hombres.

---

[69] Cf. *El misterio de Jesús*, de Blaise Pascal.

Este abandono también forma parte del cáliz que ha de beber. Jesús, que ha sido maldito por nosotros, debe cargar a solas con la maldición. Puede que el traidor le estuviera vigilando, pero sus amigos estaban dormidos. ¿Qué va a hacer Jesús sino ponerse en manos del Padre al ver que sus amigos duermen y sus enemigos lo vigilan de cerca?

Esto es lo que hace, si bien sigue inquieto al pensar en este sueño culpable. Dejando de lado todo pensamiento de socorrerse a sí mismo, se acuerda de sus hijos y los reprende con ternura: «¿Ni siquiera habéis sido capaces de velar una hora conmigo?»[70]. En el evangelio según san Marcos, escuchamos el reproche que le lanza directamente a Simón Pedro: «Simón, ¿duermes?»[71]. Lo llama Simón, el nombre que tenía antes de ser apóstol, cuando todavía no era la «Piedra». ¡Pobre Piedra! ¡Pobre Simón, siempre tan presuntuoso y siempre tan débil!

Este detalle solo lo recoge san Marcos. Los demás evangelios no lo mencionan como receptor en particular del reproche, pero Pedro aparece en ese papel y Marcos no se apiada de él, porque Pedro tampoco se apiada de sí mismo[72].

Retomando el tono solemne con el que Jesús solía exhortar a los discípulos, les urge a estar alerta. Esta vez por el bien de ellos y no por el suyo propio: «Velad y orad para no caer en tentación»[73]. Dice «en» tentación, como si esta fuera una trampa en la que pueden caer si no se dan cuenta de que está ahí. Les recuerda que el espíritu está pronto, pero la carne es débil. Por último, después de haberse alejado de ellos dos veces seguidas, cuando vuelve por tercera vez, parece dar al reproche un triste tono de ironía: «Ya podéis dormir y descansar… Mirad, ha llegado la hora, y el Hijo del Hombre va a ser entregado en manos de los pecadores»[74]. Esto pa-

---

[70] Mt 26, 40b.

[71] Mc 14, 37.

[72] *Évangile selon saint Marc*, del P. Lagrange O.P.

[73] Mt 26, 41a.

[74] Mt 26, 45.

rece que viene a decir algo como lo siguiente: «¡Qué hora más oportuna habéis escogido para dormiros, inconscientes discípulos! Os vais a dormir cuando vuestro Señor agoniza. ¿No os habréis confabulado con estos pecadores que me van a crucificar?». Es una reprimenda eterna que merecemos los cristianos de todos los siglos cuando olvidamos la angustia perpetua de Jesús en su obra y en su cuerpo místico: «Jesús estará en agonía hasta el fin del mundo, por lo que no debemos dormir durante ese tiempo».

Ha encontrado la ayuda que necesita. En tres ocasiones, el varón de dolores llama a la única puerta que se abre siempre ante una llamada confiada: la oración. «Y estando en agonía oraba con más intensidad»[75].

Recurre a ella tres veces, como lo hacían los judíos en momentos de crisis. Reza invocando la ternura del Padre: «Ἀββᾶ, ὦ Πάτερ, ¡Padre!, ¡tú que eres el Padre!». Y añade: «Todo te es posible, aparta de mí este cáliz»[76]. Pero este grito de angustia entraña una condición: «a ser posible»[77]. Si no lo es, su actitud será entonces de completa sumisión: «Pero que no sea lo que yo quiero, sino lo que quieres tú»[78].

En pocas palabras, Jesús pone en práctica el padrenuestro. Tiene la intención de enseñarnos que la oración es un esfuerzo para adaptar nuestros deseos a la voluntad de Dios y no al contrario. Y cuando consigue traer su alma a este estado de sumisión, encuentra la paz perfecta.

«Levantaos, vamos»[79]. Con el ánimo recobrado, vuelve a su cielo, y dejando a un lado las inconsistencias de los tiempos, entra ahora en armonía con los decretos de la eternidad.

---

[75] Lc 22, 43.

[76] Mc 14, 36a.

[77] *Ibidem*, 35.

[78] *Ibidem*, 36b.

[79] Mt 26, 46.

Alguien ha visitado el desierto de su interior. Se le ha aparecido un ángel. Este hermano, como Moisés y Elías en el monte Tabor, ha debido recordarle las glorias de la cruz. De ahora en adelante, contempla con firmeza lo que el futuro le pueda deparar. Si lo arrestan, Él ofrecerá las manos; si le abofetean, las mejillas. Cuando lo condenen y le ejecuten, su única respuesta será el silencio y la paciencia. Después de Judas, cualquiera podrá torturarlo en cuerpo y alma. Está preparado para sufrir cualquier ignominia tras haber recibido el beso del traidor.

* * *

Desde la cruz, Jesús ve con los ojos del alma el Getsemaní y su frondoso lugar de retiro. Aquella pesadilla se ha convertido ahora en una realidad que acepta con valentía. Está en paz y nos da cita en el Getsemaní para cuando la hora del horror llegue a nuestras vidas.

Seguramente con el deseo de que este lugar de reunión se nos manifieste de forma aún más clara, el Señor ha permitido que algunos de estos olivos que fueron testigos de su agonía hayan sobrevivido a multitud de generaciones, siendo los árboles más venerables del mundo después del árbol de la cruz. Jesús confió su angustia divina a este olivar y quizá fue bajo una de estas gruesas raíces donde cayó postrado en medio de la agonía. Por lo tanto, estos troncos petrificados sirvieron de columnas en el templo de su oración y las ramas, de bóveda.

Aunque, ¿qué importa? Después de todo, si «la carne no sirve de nada», podemos prescindir de la corteza de un olivo. El espíritu puede encontrar lo que busca dondequiera que elija seguirlo. El Getsemaní está en nuestros corazones; allí podemos encontrar restos de su sangre y distinguir la silueta de su cuerpo sobre el árido polvo. Lo importante es llorar como Él lloró.

* * *

Cuando los discípulos salieron de la estancia en la que habían tenido lugar las apariciones del resucitado, Cristo «los sacó hasta cerca de Betania y levantando sus manos los bendijo. Y mientras los bendecía, se alejó de ellos y comenzó a elevarse al cielo»[80].

Jesús había dicho: «Subo a mi Padre y a vuestro Padre, a mi Dios y a vuestro Dios»[81]. No lo podía haber expresado de forma más clara. Esto es lo que en numerosas ocasiones les había explicado a los discípulos: su destino es el nuestro, y los efectos de su dolor son los mismos que los de nuestros dolores.

Cuánta ternura hay en estas palabras que salen de sus labios antes de cruzar los umbrales de los misterios celestes, en el momento solemne de su partida: «a mi Padre y a vuestro Padre, a mi Dios y a vuestro Dios». Es cierto que tenemos, nosotros y Él, un solo Padre. Que somos miembros de una única familia divina y que Jesús no usa ninguna hipérbole cuando afirma que, al volver al seno del Padre, «preparará un lugar» para nosotros.

Cada persona tiene su ascensión, al menos hay una preparada para cada uno. Primero será una ascensión espiritual y al final de los tiempos será como la de Jesús. «El primogénito de entre los muertos»[82] conduce a sus hermanos por la senda; la «cabeza», de la que nosotros somos el cuerpo, sube al cielo y el resto de los miembros le seguirá.

Hay que prestar atención para no entender las palabras «cielo, ascensión y partida» en un sentido demasiado físico. Es inútil caer en ensoñaciones ingenuas que se prestan a hacer el ridículo; nuestras grandes realidades espirituales no ganan nada con ello. El pequeño monte que contempla Jesús es minúsculo en comparación con el vasto universo. ¿Adónde irá cuando se marche? ¿Qué pensará quien lo busque desde las antípodas o el astrónomo que observa boquiabierto las estrellas?

No es así; en gran medida, todo esto se expresa en sentido figurado. Es verdad que Jesús se eleva realmente ante los ojos de los

---

[80] Lc 24, 50 y s.

[81] Jn 20, 17b.

[82] Col 1, 18.

discípulos, pero el recorrido de su ascensión no está regido por la brújula. Las nubes no lo sostienen durante mucho tiempo, incluso el espacio sirve de muy poco, porque el cielo es sobre todo un estado, más que un lugar. Si hablamos solo del alma, ¿está el cielo en algún sitio? Y si consideramos el cuerpo, o el alma unida al cuerpo, ¿no es el cielo, donde reinamos con Dios, lo mismo que los reinos de Dios?

El cielo físico, entonces, sería el universo, mientras que el cielo espiritual es Dios mismo y el estado del alma que nos lo comunica. Con Dios, el cielo vivo, nos unimos a través del amor y de la mente. Con el otro cielo, con la creación en su conjunto, entramos en armonía por medio de los nuevos dones y propiedades que Jesús ha puesto ya de manifiesto. La vida eterna convierte tanto el cuerpo como el alma en algo semejante al espíritu puro; «el cuerpo espiritual» del que habla san Pablo da fe de ello.

Dejemos a un lado estos sueños materiales, aún en esa forma etérea que casualmente nos puede parecer interesante. La liturgia afirma que «la belleza entera del Señor se eleva más alto que las estrellas y su esplendor, más allá de las nubes del cielo». Jesús sube exactamente al lugar de donde viene y nos lleva consigo. «La derecha del Padre», es decir, la entrada en el seno de la Trinidad, la vida íntima con la Divinidad, es el destino del primogénito entre los hombres y el de toda la humanidad.

6. Los transeúntes

Un paisaje no se compone únicamente de objetos inanimados. Los lugares, moradas, palacios y templos tienen personas que los ocupan; la vida circula dentro de ellos. Cuando, desde el árbol de la redención, Jesús mira a su alrededor y deja que su mente reciba la impresión de estos lugares, el lienzo interior que se dibuja incluye a personas que, en grupos o bien de forma individual, son importantes para nosotros.

Antes de que lo clavaran en la cruz, el varón de dolores fue un transeúnte, un caminante en su itinerario desde el pretorio al Gólgota, mientras exhibía su castigo. Si queremos comprender sus pensamientos, debemos seguirlo por este camino.

Al salir de la fortaleza Antonia, Jesús pudo haber tomado tres caminos distintos. No obstante, desde el punto de vista que nos atañe ahora, no hay mucha diferencia entre ellos. Las tres rutas son escabrosas y están abarrotadas de gente. Cualquiera de las tres se puede recorrer en poco más de media hora a un ritmo normal, aunque los obstáculos harán que la marcha sea mucho más larga.

No olvidemos que estamos en una ciudad de Oriente en las vísperas de una gran fiesta a la que llegan decenas de millares de personas. Las calles están llenas de gente y hay momentos y lugares en los que es casi imposible transitarlas. En esos casos, la procesión se ve obligada a parar y esperar hasta que el centurión montado a caballo a la cabeza de la comitiva se abra paso, ayudándose de la punta de su lanza, entre las bestias y las multitudes que se amontonan sobre el camino.

Sabemos que, en Oriente, entre los hombres, las mujeres, los niños, los asnos y camellos, la fraternidad es total; los jinetes se mezclan con los peatones; los que transportan grandes cargas y quienes simplemente pasean comparten como pueden las calles estrechas. No existe la policía como la entendemos en la actualidad; los gritos, los golpes y la paciencia son los únicos instrumentos para regular la circulación.

Este tráfico, que siempre es motivo de asombro para el occidental moderno, aparece descrito en las cartas del judío alejandrino Aristeo de Mármora, que datan de un par de siglos antes del nacimiento de Cristo. Aristeo habla en ellas de calles escalonadas que, en Jerusalén como en Jafa o cualquier otra ciudad concurrida, tienen la forma de los lechos de ríos torrenciales, por los que fluye un aluvión de gente ora agitada, ora indolente. En las cartas, hace un comentario sobre un aspecto peculiar de la Pascua: Aristeo menciona que hay algunos transeúntes que se dan empujones, pero otros guardan distancias para evitar contaminarse por medio de un contacto impuro. Esta preocupación hace que la confusión en medio del barullo sea aún mayor.

A esto debemos añadir los puestos de los vendedores ambulantes, que llevan a cabo sus negocios sin parar y ocupan una parte considerable del ancho de la calle. También atestan las calles los aguadores con sus odres de piel de cabra; los vendedores de pasteles variados, muy queridos por los lugareños, que no están acostumbrados a tales lujos; los que venden frutos secos, o frutas y almendras dulces, que ofrecen sus mercancías en grandes bandejas o carritos de comida; puestos de limonada con sus grandes tanques balanceantes y las copas en lo alto; buhoneros de toda clase que buscan sacar provecho de la afluencia de visitantes y asegurarse unos meses de buena vida con la avaricia de un solo día.

Mañana es el gran Sabbath y las fiestas comenzarán esta noche cuando se ponga el sol. Los que tienen mercancías por repartir se apresuran; los organizadores de la fiesta, los oficiales del Templo, previendo grandes aglomeraciones, diseñan planes para hacerles frente. Los proveedores de las palomas, ovejas, cabras y ganado para los sacrificios llevan los animales en manada al recinto. Los visitantes llegan en todo momento cargando con lo necesario para hacer acampada y también traen bestias consigo. Los transeúntes ven cómo sus piernas se enredan con rebaños enteros de ganado que andan tan confundidos como ellos. El terreno irregular de las calles, las pendientes y los pequeños adoquines afilados y puntiagudos no ayudan a la marcha. Solo algunas partes de la ciudad tienen las losas rojas y lisas propias de las ciudades romanas, que serán usadas más tarde para hacer altares.

Jesús pasa y lo vemos caminar por estas calles estrechas, a veces a cielo abierto, a veces bajo los arcos, avanzando a duras penas, aplastado por el peso de la cruz y sus dolores, tropezando a cada momento con algún escalón que no ha podido ver o chocando con las paredes cuando la procesión se ve empujada hacia un lado de la calle. Los golpes impactan sobre la cruz y sacuden el cuerpo de Jesús por completo, haciendo más profunda la herida del hombro. Y, además, se suman los choques con los recaderos o con las alforjas y las pesadas cargas que transportan a un ritmo solemne las largas caravanas de camellos.

Jesús está exhausto, pero los soldados no se molestan en abrirle el paso. Están de mal humor, pues están trabajando de más por culpa de una de estas turbamultas tan frecuentes entre los judíos. Los romanos no tienen ninguna paciencia con estos disturbios locales (eso es todo lo que llegan a ver), sobre todo si les toca sufrirlos a ellos, y siempre deben sufrirlos, ya sea para prevenirlos o para reprimirlos.

¿Quién sabe si este mal humor no aumentó la brutalidad de los guardias en la fortaleza Antonia? La furia está presente en el camino al Calvario y persistirá en el patíbulo. ¡Jesús mío, de qué cosas tan insignificantes depende tu tormento! ¿Cómo puede traducirse en suplicios la impaciencia de un mercenario?, ¿cómo puedes pagar con tu sangre el que se retrase una partida de dados o una bebida?

No, nosotros sabemos que Jesús no depende de nada ni de nadie. Estas trivialidades forman parte de un plan divino. Decretado por el mismo Dios, este plan se lleva a cabo por su propia voluntad, con una obediencia libre y bajo la sola inspiración del amor.

Jesús avanza en medio de la muchedumbre, que es cada vez más densa. Su ejecución es sabida y este tipo de ejecuciones suele convertirse en una atracción horrible. La turba, que hasta hace un momento gritaba a favor de la sentencia, no se mostrará indiferente ante el espectáculo de la ejecución. Los curiosos, conocedores de la noticia, se apresuran a verlo; quienes están de paso hacen un alto en el camino; el gentío se agolpa a lo largo de las murallas y las escalinatas se llenan de espectadores.

En las ventanas de las casas señoriales (las únicas que tienen ventanas), las cortinas se apartan y asoman algunas cabezas, o bien, detrás de las celosías de madera, se adivinan algunos pares de ojos fisgones. En los umbrales, las ancianas sacan la nariz y se aventuran incluso a dar algunos pasos en la calle. Los ancianos, agazapados en cuclillas contra las jambas, con el codo en la rodilla, se yerguen para ver la comitiva. Los críos pululan y serpentean a través de la bulla. ¿Qué ocurrirá en las curvas, en medio de este alboroto que va de un lado a otro? ¿Y si, desde los callejones laterales, se precipita sobre el Maestro una oleada de recién llegados, o una manada de reses, u ocurre una estampida imprevisible?

¡Ay! Otro estremecimiento va a sacudir a aquel a quien han quebrantado ya tantos suplicios, y a quien todavía le aguardan peores tormentos. Un gemido se escapará de sus labios y si el golpe es demasiado fuerte, si el pie tropieza con un adoquín mal colocado, eso significará una caída terrible. Sabemos que las hubo; la devoción no se equivoca al decirlo. Y si se limitaron a tres caídas, puede deberse quizá a nuestro gusto por el simbolismo, más que al rigor de la verdad literal.

¡Cuántas veces debió encogerse el pobre transeúnte buscando refugio bajo algún dintel o algún soportal! Se esfuerza por hacerse lo más pequeño posible, no se hace notar, en la medida en que se lo permite el cruel madero que carga. Le vemos evitando los obstáculos que puede y sufriendo el resto con una dulzura inefable. Vienen al caso los lamentos del salmo: «yo soy un gusano, no un hombre»[83]. Se arrastra bajo la cruz por las calles angostas y abarrotadas, a veces cegado por el sol y a veces en medio de la noche, como si estuviera en un hormiguero ridículo, pero implacable.

---

[83] Sal 22, 7.

¡Qué triste es todo esto, Dios mío! ¡Qué humillación y qué crueldad! ¿Cómo juzgar cuál de las dos, la crueldad o la mezquina humillación, nos repugna más? Uno comienza a desear que el Salvador pase inadvertido para que tenga algo de calma. O, si debe sufrir, que se convierta al menos en el héroe de un drama digno de su altura. ¿Podéis imaginar al Rey de dolores en el tumulto de la fiesta judía, en esta confusión, en medio de este clamor?; ¿con las bestias dando empujones a la cruz y haciendo que tropiece?; ¿con los rancios olores de los bazares de Oriente sirviendo de incienso en el sacrificio eterno? ¿Podéis concebir que tal acontecimiento tenga lugar en un laberinto de callejuelas? ¿Veis los golpes y los fútiles tropiezos sufridos por el Inmenso a medida que avanza hacia una muerte con consecuencias divinas?

Pero debemos dejar de lado estos escrúpulos que se preocupan tan solo por las grandezas banales. El camino doloroso será aún más excelso por el hecho de que allí se revelará la grandeza moral, la misericordia celestial y el amor generoso. La medida de lo que ocurre aquí no tiene ninguna otra escala. No tiene nada que ver con la magnificencia de cualquier desfile de un séquito real.

Y conviene que sea así. El contraste entre estas callejuelas de muerte y la amplitud de una acción de carácter universal nos revela una gran enseñanza. ¿Dónde podemos encontrar sobre la tierra un marco que pretenda igualar o tan solo representar lo que contiene la acción redentora? ¿No sabemos que la eternidad y la inmensidad no tienen nada que se les asemeje?

Más nos vale que nuestra imaginación se escandalice con pensamientos más profundos. Una falsa belleza podría llevarnos a error, pero este contraste clamoroso nos pone de cara a la verdad. En la nada temporal de este lugar, nuestra fe evoca la inmensidad y alabamos a Dios por darle sentido a este recodo del camino. Un acontecimiento sin pompa, sin otra corona más que la de espinas, una fechoría mezquina que es un crimen eterno: esta es la Pasión.

Es oportuno recordar aquí lo que escribió Pascal sobre las tres categorías de grandeza: la de la carne o grandeza física, la del espíritu o intelectual y la grandeza de caridad o sobrenatural. «Es muy ridículo –dice Pascal– escandalizarse de la humildad de Jesucristo como si esa humildad fuese de la misma categoría que la grandeza que venía a poner en evidencia [...]. No ha aportado inventos. No ha reinado [podríamos añadir que tampoco ha sido teatral en sus sufrimientos] sino que ha sido humilde, paciente, santo, santo para Dios, terrible para los demonios, sin ningún pecado. ¡Oh, con qué gran pompa ha venido, prodigiosa, magnífica, ante los ojos del corazón que ven la sabiduría!»[84].

Lo que Jesús es durante toda su vida también lo es en la Pasión. La grandeza de su sacrificio no es espacial ni política ni estética; es moral. En esa categoría, es grande en todos los sentidos, descendiendo hasta las raíces del bien y el mal, elevándose hasta las alturas del mérito infinito y creciendo con una eficacia sin límites. El camino de la cruz puede ser estrecho, pero su itinerario está en el plano de lo invisible; el Calvario puede ser pequeño, pero sus efectos alcanzan todo el universo.

*   *   *

A continuación, dividiremos en grupos a la muchedumbre que rodea a Jesús, con la intención de encontrar en ellos varios tipos de sentimientos con los que nos podremos identificar.

Están los amigos, declarados o secretos. Hay gente que le sigue, muchos, sin duda, pero son más reservados y silenciosos que los otros. También están los indiferentes, los curiosos, los que se mofan y, por último, los enemigos, oficiales o no, en medio de la turba infame.

Los amigos, que se encontrarán más tarde al pie de la cruz, ya lo están siguiendo; son los primeros fieles en recorrer las estaciones del vía crucis. El evangelio mencionará a un grupo de estos amigos, no el más conmovedor, porque, antes de nada, los evangelios pretenden instruir, así que será el grupo que ofrece a Jesús la oportunidad de dar una última exhortación moral.

Tampoco faltan quienes le siguen, aquellos que no han dejado que la propaganda de los fariseos les afecte o que han sabido des-

---

84 Pascal, *Pensamientos*. Dampierre (trad.) Sección I, art. XXIII, n.º 308 - 793.

enmascarar el odio que había en ella. Sin ir más allá de los motivos de la condena, ven que se está cometiendo una injusticia atroz y se compadecen de la víctima.

Los extranjeros que se encuentran de pronto frente a un hombre ensangrentado, que ven cómo unos rufianes le abofetean y le abuchean, y que no ven en Él más que signos de dulzura y dignidad, ¿no se compadecerán? El hombre es cruel, pero los buenos sentimientos afloran en él y, al cabo de un tiempo no muy largo, acaba sintiéndolos. Ya sea porque combata las pasiones contrarias o porque ni siquiera se las plantee, se conmueve y así se convierte, por lo tanto, en un amigo casual.

En cuanto a los «indiferentes», el asunto es distinto. Para la mayoría de los que pueden permanecer indiferentes ante un drama tan desgarrador, la indiferencia no es más que una máscara. Son enemigos en potencia, o bien enemigos parciales, a menos que su egoísmo sea tan grande como para absorber todos sus pensamientos. El vendedor que vuelca todas sus ambiciones en sacar grandes ganancias o en realizar inversiones provechosas, la coqueta, descrita en el salmo «como pilares de esquina, bien talladas como las de un templo»[85], puede que en el momento no sean ni cordiales ni hostiles; sino que pasen y sigan a lo suyo incluso en la hora de la muerte.

Sí, de camino a la muerte, Jesús se cruzó con personas que vivían de esta forma lujosa y concupiscente. No era odio lo que había en ellas; tampoco existía una complicidad entre estas personas y los verdugos, aparentemente. Sin embargo, sabemos que quienes se obstinan en soñar con nimiedades mientras que Jesús pasa, lo están asesinando en el corazón.

Las mofas y las provocaciones insultantes citadas en el evangelio son algunos ejemplos. La imaginación del pueblo es fértil, las burlas circulan de un lado a otro y van seguidas de comentarios que se añaden sobre la marcha. Se escucha cómo se suelta una sarta de insultos y burlas a aquel que parece estar completamente indefenso y que es, por tanto, una presa fácil para la cobardía instintiva de la turba.

---

[85] Sal 144, 12.

«La vida de este milagrero acaba de una forma muy lamentable... ¡Qué curandero más penoso!»; «salvó a otros, y a sí mismo no puede salvarse»[86]; «si Dios estuviera con Él, ¿le pondría en este aprieto?»; «¡que Dios lo salve si es que es su Padre!»; «¿no es este el que destruye el Templo y en tres días lo edifica...?».

Otros son menos sutiles y no se molestan en tomar prestados los argumentos populares de los doctores, se limitan a encogerse de hombros y decir: «¿Qué es esto? Nada, un esclavo al que se le castiga por algún delito, se están dando prisa con la ejecución porque pronto es el Sabbath; es un rey imaginario con sus títulos escritos en el letrero que lleva; un bienhechor pretencioso; un doctor charlatán; un reformador trastornado; un deshacedor de entuertos; un acusador hosco; un agitador; un hombre peligroso, en definitiva. No es nada, nada...».

Efectivamente, no es nada, es el nazareno y el Mesías que predijeron los profetas, es aquel a quien Moisés prefiguró, del que cantan los salmos, a quien Juan el Bautista recibió en las puertas. No es nada, es el hombre misterioso ante quien temblaron todas las cosas antes de que se levantaran y que un día hará que todo tiemble de nuevo, incluso la revuelta, la indiferencia y el odio, dejando tan solo el amor. No es nada, es el Salvador de los hombres; no es nada, es el Hijo de Dios.

En una ocasión, los discípulos dijeron: «Maestro, la muchedumbre te aprieta y te empuja»[87], y esto quería decir que la gente lo agobiaba para aprovecharse de su bondad. También hoy la muchedumbre aprieta a Jesús, pero con la indiferencia brutal hacia un hombre que sufre o la crueldad con la que tratan a alguien a quien odian. Si el primero de estos dos sentimientos nos ha repugnado, ¿qué pensaremos del segundo?

Es probable que muchos dignatarios se dignaran abajarse para mezclarse con la plebe y acompañar a la escolta con el fin de encender la cólera de la turba. Los encontramos en el Calvario; habían acompañado, sin duda, a su víctima. Es una doble oportuni-

---

[86] Mt 27, 42a.

[87] Lc 8, 45.

dad para ellos: son saludados por la gente, cosa que a ellos les agradaba y que era una costumbre por la que Jesús les reprochaba hasta la saciedad, y, por otro lado, humillan a su vencido. Quieren henchirse de orgullo mientras lo llenan de insultos; exigen el respeto de la gente y vierten improperios.

Bajo su instigación, se cometen ultrajes sin reservas. Sin dudarlo, lanzan piedras y polvo, como antaño lo sufrió David, pues es la forma de humillar a alguien en Oriente. La inscripción del letrero de Jesús despierta el interés de la gente y critican al Rey de los Judíos que no haya salido a defenderse a sí mismo. ¡Pobre del hombre ambicioso que no sabe ganarles la partida! El pájaro enjaulado, en cuanto cae enfermo, ve cómo sus compañeros sanos se lanzan sobre él para asaltarlo con sus picos. Hasta de los pájaros pequeños sacan ideas los hombres crueles.

Mientras tanto, la procesión llega al pie de la colina y comienza la subida. Jesús está tan agobiado que su marcha se vuelve un pisoteo lastimoso, un balanceo cada vez mayor tras las caídas que se repiten, por lo que es evidente que no llegará mucho más lejos. Quien lo vea así, tan débil y al mismo tiempo tan apacible, silencioso como los pálidos rebaños de ovejas que le pasan de cerca a cada instante, no podrá evitar recordar el versículo profético: «Como cordero llevado al matadero, y, como oveja muda ante sus esquiladores, no abrió su boca»[88].

En ese momento, un transeúnte inesperado viene a ayudar a los guardias, que están inquietos por su trabajo. La cruz es, en efecto, demasiado pesada y la víctima está al borde del colapso. Hay que ayudar al hombre de algún modo para poder llevar a término la ejecución, pero, por otro lado, ninguno de ellos quiere cargar sobre sí el madero de un esclavo. No les importa. Tienen derecho a solicitar que alguien lo haga por ellos y eso es lo que hacen. Peor para Simón de Cirene, que se encontró con aquella comitiva al regresar de trabajar en los campos.

---

[88] Is 53, 7.

Feliz encuentro, en realidad, pues convertirá a Simón y a sus hijos en un símbolo eterno. Simón, Alejandro y Rufo son honrados como santos porque el primero de ellos cargó sobre su espalda el árbol de la salvación y recibió su savia vivificante. Cuando los soldados le obligan a marchar detrás de Jesús, cargando con el madero, no saben qué honor le están otorgando. Para los romanos, no es más que un pequeño gesto de servicio público; los judíos lo ven como una forma de dosificar las fuerzas de la víctima; pero la posteridad encontrará en este gesto un tema de meditación y de alabanza que ocupará a los hombres durante siglos.

Un pintor antiguo representó a los portadores de la cruz como un cortejo formado por toda la humanidad religiosa: los jefes de este grupo universal (el Papa, los obispos y abades, con sus vestiduras sacerdotales) ayudan al Salvador a llevar la cruz. Son representantes; en su persona, colectivamente, todos nosotros somos cirineos, y cada alma, por individual, debe ser cirinea en su propia vida. ¿No debemos «completar lo que falta a los sufrimientos de Cristo»[89]? Si el Señor se tambalea bajo la cruz, la fuerza que hemos recibido de Él no puede hacer otra cosa mejor que emplearse en servicio suyo, y en el caso de cada uno de nosotros, al igual que en el de Simón, la recompensa es mil veces mayor que la ayuda que proporcionemos.

*   *   *

El evangelio menciona a un grupo que no pasaba por casualidad, como Simón, un grupo que seguía a la procesión o, en todo caso, que se había unido a ella en una de las calles de la travesía. Eran mujeres, no las que acudirán después de la crucifixión, llegadas de Galilea con Jesús y los discípulos, sino otras, seguidoras de su persona y de su doctrina, o bien eran las mujeres caritativas que tenían la labor de socorrer al condenado y prepararle una bebida calmante. El Talmud atribuye este papel a las mujeres distinguidas de Jerusalén y es cierto que se cumplió en el caso de Jesús, aunque el Salvador no aceptó su servicio.

---

[89] Cf. Col 1, 24.

Las mujeres hebreas, saludando de esta manera al doloroso Rey de los Judíos mientras pasaba, dan un toque desgarrador a las palabras del *Cantar de los Cantares:* «¡Salid y contemplad, hijas de Sion, al rey Salomón, con la corona con que lo coronó su madre el día de su boda, el día del gozo de su corazón!»[90]. La madre Jerusalén corona de esta forma tan extraña a su rey. Conviene que se le salude con lamentos, de la misma manera que a los soberanos de antaño se les recibía con aclamaciones. La inscripción que Pilato le impuso, probablemente a modo irónico y con la intención de despreciar a los judíos, resulta apropiada.

Las mujeres se golpean el pecho en señal de duelo y se lamentan por Jesús. Sus sentimientos eran buenos; a través de ellas se manifiesta la caridad en mitad de esta escena de muerte. Pero el Maestro del mundo no pasará por alto esta oportunidad de dar una lección austera. Él se calló frente a los que lo insultaban, frente a los indiferentes y a los curiosos; la calma y la dignidad que mostraba a sus enemigos los desconcertaba.

Como dijo un antiguo comentador: «No des respuesta a los perros ni a los cerdos». Pero a aquellos que, por su disposición, son amigos de Jesús, Él les habla.

Ya no lleva la cruz, se puede volver hacia el grupo y dirigirles algunas palabras. No parece que los ejecutores se opongan a ello, la costumbre en cualquier país es que los condenados tengan algo de libertad para esto. Solo un odio feroz rechazaría la expresión de un último pensamiento y, aunque el odio domine a los líderes judíos, ignora a los soldados.

«No lloréis por mí»[91], dice Jesús. No es que rechace la compasión; sino que deplora la ceguera que lamenta las consecuencias y desatiende las causas; que se compadece de una noble víctima sin pensar en la fatalidad mucho más triste de sus verdugos; que olvida su parentesco con aquellos que lo golpean. Un parentesco misterioso, pero tan cercano que intimida a cada miembro de este grupo conmovido, pues esos verdugos son sus hijos.

---

[90] Ct 3, 11.

[91] Lc 23, 28.

«No lloréis por mí, llorad más bien por vosotras mismas y por vuestros hijos»[92].

Jesús les habla de sus hijos, convencido de que así les tocará el corazón, les descubre el crimen colectivo que se está cometiendo en Jerusalén, un crimen que la ciudad expiará con terribles angustias en el futuro. «Porque mirad que vienen días en que se dirá: "Dichosas las estériles y los vientres que no engendraron y los pechos que no amamantaron"»[93]. La tribulación será tan grande que las personas maldecirán a la vida misma. «Entonces comenzarán a decir a los montes: "Caed sobre nosotras"; y a los collados: "Sepultadnos"»[94].

«Porque si en el leño verde hacen esto, ¿qué se hará en el seco?»[95], añade el Salvador. Si Dios en su cólera parece quemar y castigar sin hacer distinción de méritos, si permite la muerte de un inocente, ¿qué hará con los culpables? Yo me muero libremente, cumpliendo mi misión, el final será glorioso y no hay necesidad de llorar por un héroe que está a tres días de la victoria. Pero llorad, llorad por vosotras, madres de deicidas, y llorad por vuestros hijos, que ríen sarcásticamente al borde de la desgracia.

Ampliemos la vista y comprendamos que si Jesús dijo «llorad por vosotras» en primer lugar, y solo después «llorad por vuestros hijos», es porque está apuntando a un orden de los acontecimientos que implica la responsabilidad de cada persona. Habla expresamente de los deicidas judíos, pero también habla implícitamente de sus cómplices lejanos, y sobre estos últimos, sobre nosotros, recaen con seriedad las advertencias de su misericordiosa severidad.

Llegados a este punto, la Tradición presenta a otras dos mujeres, otras dos transeúntes: Verónica, provista de su paño, y la gran transeúnte que el evangelio no menciona todavía, pero que sería de extrañar si solo la encontráramos bajo la cruz.

---

[92] *Ibidem.*

[93] Lc 23, 29.

[94] Lc 23, 30.

[95] Lc 23, 31.

¡Verónica, la mujer del paño misericordioso! La mujer que consuela a su Dios, que acerca sus manos suaves y temblorosas al rostro de aquel que dijo: «El que me ha visto a mí ha visto al Padre»[96]. Es la mujer que enjuga la sangre redentora y que recoge la salvación de la fuente viva; la mujer que se lleva el rostro de Jesús a su casa...

El hecho de que María estuviera presente no es una tradición, es una mera suposición que, a decir verdad, no se apoya en datos positivos, más allá de la aparición a María de Jesús resucitado o la comunión de la Virgen en el cenáculo. Pero sabemos que los evangelios no son relatos completos y, en los intersticios, cualquiera puede imaginar lo que la piedad le sugiera, siempre y cuando no se exija adhesión en modo alguno a lo que la historia no testifica. Con más razón debemos respetar, y haremos bien en acoger, las suposiciones basadas en el sentir común que son adoptadas por la Iglesia.

Es difícil imaginar que María no observara la cruel procesión, que simplemente esperara hasta que llegase a la cruz y que su corazón permaneciera impasible frente al caminar lastimoso de su hijo por aquellas calles tortuosas.

Hay otras mujeres presentes, a las que Jesús les habla, ¿y María no figura entre ellas? ¿No se arriesgaría a recibir los empujones y los posibles insultos, a ser arrastrada como una brizna de paja en el remolino de la muchedumbre? Si la reconocen, ¿no se apiadarían de ella? Un dolor así no puede ser insultado por los hombres. Y si pasa desapercibida, quizá compartieran Él y ella el feroz consuelo de intercambiar una mirada.

¡Qué envidia tiene del Cireneo! ¡Cómo querría llevar ella la cruz y, no pudiendo hacerlo, con cuánta voluntad se dispondría a recorrer esta marcha imposible!

En la Edad Media se dedicó a este encuentro una iglesia de Jerusalén llamada Nuestra Señora del Encuentro de Jesús con María, su

---

[96] Jn 14, 9.

Madre Santísima. Entre los restos de una iglesia anterior, del siglo quinto o sexto, se encontró un fragmento de mosaico que representaba unas sandalias. Por tanto, hay quien piensa que los pies de Nuestra Señora y los de su Hijo dejaron su huella en este lugar.

Es una conclusión precipitada, ya que, en la antigüedad, era frecuente emplear las sandalias como símbolo de la presencia de una persona y, a menudo, los motivos no tenían nada que ver con la religión. Incluso en los casos en que el símbolo se adoptaba con motivaciones religiosas, no tenía por qué significar un milagro, por lo general.

Sin andarnos por las ramas, podemos meditar sobre aquella mirada entre Jesús y su Madre. El pintor Rafael, en *El Pasmo de Sicilia*, nos ofrece una visión conmovedora. Jesús ha caído bajo el peso de la cruz, sus verdugos le golpean, y se está levantando bajo los azotes con dolor y, al mismo tiempo, con nobleza. Frente a Él, también en el suelo, golpeada por la emoción y extendiendo los brazos con angustia, está su Madre y toda su vida se expresa en el ardor de sus ojos.

El cuadro no posee la majestuosidad del *Stabat Mater*; no hay ningún altar y aún no ha comenzado el sacrificio de la sangre, por lo que todavía no se exige que la Virgen adopte una postura hierática. En cambio, lo que tenemos aquí es la ternura de la Madre y, en respuesta a ella, la aceptación por parte del Hijo de compartir con ella su sacrificio, pues, si ella le ha dado la vida que ahora está entregando, ¿no le pertenece a ella de algún modo?

*   *   *

Podemos suponer que el encuentro entre Jesús y María tuvo lugar en uno de los dos cruces de caminos que hay en la vía dolorosa. Si no, pudo haber ocurrido en la puerta de Efraín, allí donde el espacio abierto permite pararse sin temor a la oposición de las autoridades o a la importunidad de la turba. En ese caso, este episodio nos lleva cerca de la cruz y nos invita a volver a nuestro puesto de observación y a seguir contemplando desde lo alto del patíbulo el pasar de nuestros transeúntes.

Las puertas de la ciudad, en Oriente, son lugares esencialmente públicos, en los que se suelen reunir las multitudes. Es muy raro encontrar espacios abiertos dentro de las murallas; las ciudades antiguas los evitan prudentemente, puesto que, en caso de invasión, conviene que la superficie de la ciudad sea reducida, para evitar los gastos que suponen construir murallas demasiado largas y pagar a tropas onerosas para guarnecerlas.

Las puertas son entonces el lugar de reunión más corriente. Los ociosos y chismosos acuden allí para enterarse de los últimos rumores; quienes quieren informarse o involucrarse en diferentes actividades, como la compraventa, contratar trabajadores o negociar matrimonios se encuentran en las puertas de la ciudad y se quedan allí durante un buen rato. Los mercados tienen su fecha fija, pero todos los días se suceden allí negociaciones privadas y regateos interminables. Allí se firman los contratos en presencia de los ancianos, se resuelven los litigios y se administra justicia o, en todo caso, se exige. Las puertas son el signo del poder defensivo frente al extranjero, y también el signo de la autoridad civil sobre los ciudadanos. Decimos «la puerta de los reyes» para significar su poder, aún hoy hablamos de la «Puerta sublime». Jesús empleó este símbolo cuando dijo de su Iglesia: «las puertas del infierno no prevalecerán contra ella»[97], haciendo referencia a las fuerzas hostiles del infierno.

La actividad política discurre en gran medida bajo los arcos y sus proximidades. La oposición también se reúne allí para fraguar complots y circular rumores. Es el lugar en el que Absalón tendió la trampa para derrocar a su padre y donde la reina Atalía fue asesinada. La puerta es el ágora y el foro de las ciudades de Oriente.

Deducimos que la religión, debido a su fuerte vínculo con la vida pública, también se asocia con las puertas de la ciudad. Debe tomar a sus seguidores de dondequiera que se encuentren. Cuando Israel es infiel a Yahvé, coloca en las puertas pequeños santuarios, «lugares en alto», que se pueden ver sobre los dinteles, como hacemos nosotros con las imágenes de la Virgen. Y cuando vuelve a su Dios, o para ayudarlo a que regrese a Él, los profetas aparecen

---

[97] Mt 16, 18b.

en el umbral de las puertas y profetizan allí con el fin de ser escuchados por todos.

La misma Sabiduría, en el libro de los *Proverbios*[98], aparece representada llamando a las puertas y pregonando en los cruces de caminos. El ángel encuentra allí a Lot cuando vuelve de anunciar la destrucción de Sodoma[99]. ¡Cuántas curaciones ha realizado Jesús allí y cuántas veces ha proclamado en las puertas la Palabra de Dios! Y ahora lo llevan allí para morir, porque este lugar que es, en teoría, si no lo es en la práctica, el lugar de la justicia, también es escenario de las ejecuciones. Si la justicia se replegó en los palacios, en favor de la comodidad de sus funcionarios, las sanciones permanecieron fieles a los espacios abiertos, ya que no requieren la presencia de los altos cargos para llevarse a cabo. Además, es importante que sirvan de ejemplo para los habitantes de la ciudad.

A esto debemos añadir que las puertas son el punto de unión de la población urbana con los alrededores, de una ciudad con otra, y precisamente la puerta de Efraín es la más aventajada desde el punto de vista de las comunicaciones con el exterior. Por este motivo se yergue allí el patíbulo, donde convergen cuatro de los caminos más frecuentados. Los romanos reconocerán algunos años después la importancia de este cruce cuando establezcan allí el foro de Ælia Capitolina, la Jerusalén del imperio. Por allí pasa una hilera ininterrumpida de peregrinos, comerciantes, negociantes, recaderos y soldados. El puesto de observación del Señor no da a un desierto.

Dirijamos la vista ahora a los alrededores, al Gareb, a Bezeta y, más allá, al monte de los Olivos y al Scopus. Los veremos cubiertos de tiendas y de campamentos provisionales para uso de quienes habían venido a la fiesta. Acuden fieles llegados de todas las tierras por las que se dispersa Israel, pues, entre los judíos, la Pascua es una devoción universal. Vienen en grupos según las tribus o las diversas afinidades, los galileos con los galileos, de la misma manera que hoy vemos a los ortodoxos reunidos entre ellos ante la

---

[98] Pr 1, 21.

[99] Gn 19, 1.

tumba de la Virgen cada quince de agosto. Todos juntos se concentran en estas ciudades efímeras que forman un contingente formidable junto a la Ciudad Santa.

Podemos imaginar el espectáculo. Por la misma puerta, fluye constantemente un río entre dos orillas animadas por las que circulan los mercaderes con los carros, donde se instalan los puestos de pasteles y bebidas, mientras que los mendigos, sobre todo los ciegos, tan numerosos en este país de sol deslumbrante, los cojos, paralíticos y leprosos, más o menos curados, lanzan sus quejidos monótonos y levantan sus tazones de madera.

En los jardines, hay ociosos sentados en cuclillas o encaramados a las murallas. Por los caminos, pasan las gentes, los asnos, rebaños, vehículos y los lentos camellos con sus cargas vacilantes. En las colinas, hay densos racimos de peregrinos, grupos animados que se sientan alrededor de las hogueras.

Retengamos esta visión y escuchemos cómo se acerca Jesús y se alza la cruz: hay un rumor inicial de sobrecogimiento y, después, hostilidad, carcajadas que ahogan momentáneamente las tímidas reflexiones piadosas.

«Al verme, todos hacen burla de mí, tuercen los labios, mueven la cabeza: "Confió en el Señor: que lo salve Él, que lo libre, si es que lo ama"»[100]. ¡Siempre esta blasfemia cruel! ¡Siempre es Cristo el «oprobio de los hombres, desprecio del pueblo»[101]!

Allí hay, sin embargo, un gran número de gente que está en deuda con Él y que en otro tiempo fueron admiradores suyos. Esos mendigos cojos y los desdichados que antes se precipitaban sobre sus pies, confiados y llenos de peticiones, aclamándolo al grito de «el Hijo de David». Venían a besar su manto, a tocar el fleco blanco con el cordón de jacinto y muchos se postraban ante Él esperando un milagro o unas palabras de esperanza.

Ahora le dan la espalda, se burlan de Él y, cumpliendo las palabras de un salmo que narra proféticamente la Pasión, le cantan mientras beben al pasar por la puerta. «Me convierto en mofa para

---

[100] Sal 22, 8 y s.

[101] Sal 22, 7.

ellos. Sentados a la puerta murmuran de mí, y me cantan coplas mientras beben vino»[102].

«¡Oh vosotros, cuantos pasáis por el camino: mirad y ved si hay dolor como mi dolor!»[103].

Señor, no lo hay. No hay un dolor tan desamparado, como tampoco existe un dolor tan pleno y humillante. No hay un dolor igual, ni en el universo ni en Jerusalén, no solo en esta víspera del Sabbath en la que se está ejecutando apresuradamente a un condenado execrado, sino en todo el transcurrir de los tiempos. ¿Cuántos transeúntes se conmoverán en lo profundo de su corazón y se convertirán ante esta visión?

A ojos de Jesús, las burlas han cesado, pero ¿no es el olvido la regla? La compasión es rara y la devoción activa lo es todavía más. Y cuando decimos que no hay burlas, nos referimos a la persona de Jesús, a la que Él mismo se atribuyó menos importancia que a su obra y a nuestra salvación.

Cuántos insultos se lanzan contra la doctrina, las prácticas, ministros, preceptos, promesas, palabras, obras, instituciones y contra las personas que se unen al nombre y a la misión de Jesús crucificado. También se burlan y menean la cabeza; los bebedores de vino, el vino de los sofismas y del libertinaje, cantan a su paso.

La pascua humana prosigue. Los hombres acampan y caminan, comen, beben, bailan, cargan con sus preocupaciones, se quedan absortos en sus asuntos, forman vínculos y los rompen, se aman y se odian, y Cristo pende de la cruz. Su dolor solo encuentra el desdén y a su llamada, a la salvación que ofrece, solo le responden vagas sonrisas distraídas.

«Oh vosotros, cuantos pasáis por el camino», los que encontráis a Cristo en alguna puerta de Efraín durante el transcurso de vuestra vida ajetreada o apasionada, doliente o distraída, «mirad y ved si hay dolor como mi dolor», algún dolor que signifique tanto para vosotros, que sea lo suficientemente digno para despertar vuestra compasión, para fijaros al amor, para guiaros en vuestras vidas.

---

[102] Sal 69, 12b y s.

[103] Lm 1, 12.

Si no lo hay, y si el transeúnte fortuito se siente apremiado a reconocer y confesar, a pesar suyo, que allí hay algo sobrehumano, que este acontecimiento tiene una transcendencia que sobrepasa toda la vida terrena, entonces debe pararse y unirse a aquellos de los que vamos a hablar ahora, los que están *juxta crucem*, es decir, junto a la cruz, expuestos al rocío purificador que cae de las llagas sagradas.

7. Los suyos

«Estaban junto a la cruz de Jesús su madre y la hermana de su madre, María de Cleofás, y María Magdalena»[104]. Más lejos, estaba otro grupo amigo que miraba, y había otras mujeres «que habían seguido a Jesús desde Galilea para servirle»[105].

Juan, el primero de los dos evangelistas que hemos citado, también estaba allí. No se nombra a sí mismo en modo alguno, pero la dulce gloria que le está reservada lo hará salir de la sombra. Es él quien va a beneficiarse del testamento de Jesús y recibir a su madre.

Pero ¿dónde están los doce?

Cuando Jesús baja su mirada y pasa del horizonte a las personas, cuando busca a «los que habéis permanecido junto a mí en mis tribulaciones»[106], ¿qué es lo que ve? Algunas mujeres y el apóstol que, por su talante, se encontraba más cercano a ellas. Los demás están lejos. Hay una tradición que afirma que se escondieron en el valle del Cedrón, en el hueco de las grandes tumbas, más probablemente han alcanzado la parte alta de la ciudad, están agazapados en algún rincón y esperan llenos de terror y tristeza lo que acontezca.

Para ellos, el Señor ha muerto ya; el reino está sin rey; la cátedra, sin doctor; la familia, sin padre. En sus escritos, ellos mismos recogerán las palabras del profeta: «Heriré al pastor y se dispersarán las ovejas del rebaño»[107].

---

[104] Jn 19, 25.

[105] Mt 27, 55.

[106] Lc 22, 28.

[107] Mt 26, 31.

En el Getsemaní, dormían; cuando la tropa infame llega y prende a Jesús, uno de ellos tiene un ademán atrevido, desenvaina la espada y le corta la oreja a un guardia, pero su resistencia no va a más. ¡Jesús les pone las cosas tan fáciles! Rechaza la violencia, solo quiere lealtad. Dice a los guardias: «Si me buscáis a mí, dejad marchar a éstos»[108]. Así, nos dice san Juan, quiso cumplir, incluso en ese momento, la palabra que poco antes había dicho a su Padre: «No he perdido a ninguno de los que me diste»[109].

Los discípulos tienen por consiguiente entera libertad para hacer lo que quieran, el camino está abierto en todas direcciones y solo un sendero conduce a la muerte. ¿Sufrieron represalias por su conato de defensa? ¿Fueron golpeados por los guardias? ¿Se han aterrado por ello? ¿O, más sencillamente, se dicen que no tenían nada que hacer y que era mejor recurrir al sálvese quien pueda? No lo sabemos, pero su titubeo es tan corto como unánime su decisión; salen huyendo. La calma de Jesús y su bondad les sirven como suficiente salvoconducto.

Sin embargo, con qué melancolía había pronunciado la víspera de aquel día: «Mirad que llega la hora, y ya llegó, en que os dispersaréis cada uno por su lado, y me dejaréis solo»[110]. Como para ofrecerles una excusa, añadió: «aunque no estoy solo porque el Padre está conmigo»[111]. Y llevando hasta el extremo su tierna compasión, concluía: «Os he dicho esto para que tengáis paz en mí [...]»[112]. Jesús pone el alma en estas palabras, ¿tales palabras no constituirían para el amor una obligación que se extiende más allá?

Ah, Pedro la «piedra», Simón el «zelote», Andrés el «valeroso», Judas o Tadeo el «enérgico», Santiago el «hermano» de Jesús y tú, Mateo, el beneficiario del «don de Dios», ¿dónde estáis? ¿Cómo daréis testimonio de esta muerte, oh testigos, y os reservaréis, sin

---

[108] Jn 18, 8b.

[109] Jn 18, 9.

[110] Jn 16, 32.

[111] *Ibidem*.

[112] Jn 16, 33.

reparo, las glorias de la tumba? ¿Sois los hombres de la resurrección y no los del sacrificio?

Los discípulos no están allí. Dos de ellos, Pedro y probablemente Juan, aunque el relato no lo nombre de ninguna manera, se han recuperado tras la fuga común. Han seguido a distancia al grupo que subía a Sion y se han metido en casa de Caifás. Arriesgaban poco, pues el discípulo no nombrado era conocido del sumo sacerdote y podía así justificar su presencia[113]. En cuanto a Pedro, que ha entrado bajo el amparo de su compañero, sabemos lo que hace; una sombra de peligro y unas palabras de los criados bastaron para desconcertarlo, reniega por tres veces a quien hace un momento defendía con un absurdo impulso y a quien había dicho: «Yo daré mi vida por ti»[114].

A todos ellos, Jesús les había dado muestras de cariño menos intermitentes y más sinceras. ¡Con qué intimidad los trataba! Ya fuera por la manera de vivir, de sentir o de pensar, su unión era tan estrecha como sorprendente, dada la distancia que había entre ellos y Él.

En nuestro ambiente, la vida de un maestro con sus discípulos es mucho menos íntima que la del hogar; en Oriente, lo es mucho más. Se vive como viven los alpinistas en la montaña, como los miembros de una expedición al polo o como una caravana en el desierto. Se come conjuntamente en el campo, en una barca o a orillas de un manantial; se duerme junto al aliento de unos y otros, bajo una gruta o bien bajo el cielo; uno se agrupa alrededor de un fuego y se charla libremente, compartiendo el pan del espíritu tan apaciblemente como el otro pan.

Jesús, rabino como todos los rabinos y con el corazón más humilde que nadie en Israel, se prestaba a esta vida con abandono. En lo espiritual, abría su corazón tanto como la capacidad de estos hombres le permitía. «A vosotros se os ha concedido el conocer los misterios del Reino de Dios, pero a los demás, sólo a través de pa-

---

[113] Cf. Jn 18, 15.

[114] Jn 13, 37b.

rábolas[115]». «Ya no os llamo siervos, porque el siervo no sabe lo que hace su señor; a vosotros, en cambio, os he llamado amigos, porque todo lo que oí de mi Padre os lo he hecho conocer»[116].

Los llamaba en efecto sus amigos, sus hijos, sus nietos, su pequeño rebaño y tenía para con ellos indulgencias de madre y la paciencia de un tierno educador. Ellos, que lo habían recibido todo, y a quienes estaba obligado a decir: «No me habéis elegido vosotros a mí, sino que yo os he elegido a vosotros»[117], no por ello dejaban de disputarse ante Él el primer puesto, y en vez de reprenderlos, tomaba un niño en sus rodillas, lo besaba y decía: «El que se humille como este niño, ese es el mayor en el Reino de los Cielos»[118].

Prevenía sus errores y los consolaba por ellos de antemano, con el fin de amortiguar la llegada del remordimiento en sus corazones; justamente lo que Él hizo cuando lo abandonaron, los perdonó por adelantado. Pero una vez más, ¿no sería eso motivo de lealtad? ¡Pues de ello hacen un pretexto!

Que se tranquilicen. A despecho de su indignidad, que no se sientan como indiferentes o condenados como traidores en el tribunal de la cruz. Su Señor los conoce mejor que ellos a Él; resuelve y desentraña en ellos lo que ignoran. Son débiles, vacilantes, muy suyos, llenos de incomprensión, ahora son cobardes, pero han creído y se han entregado y eso lo redime todo.

A estos amigos, que lo han atormentado tanto, antes que sus enemigos; quienes, en mayor o menor medida, lo han subestimado; que lo cansaban con su necedad y sus exigencias; que entorpecían con su peso su vida apostólica y le obligaban a dar fastidiosos traspiés; Jesús los lleva, a todos salvo al traidor, en lo más íntimo del corazón.

Su buena voluntad siempre le ha sido suficiente; mañana, esta benevolencia será el punto de apoyo de su Espíritu para una radi-

---

[115] Lc 8, 10.

[116] Jn 15, 15.

[117] Jn 15, 16a.

[118] Mt 18, 4; Mc 9, 35.

cal transformación. Los mira pensando en el cenáculo; los mira pensando en la hora aún reciente de su vocación. Estos hombres lo dejaron todo a su primera llamada, y más tarde, uno tras otro, se enfrentarán a la muerte. No les va a tener en cuenta su ausencia. Los considera presentes en uno de ellos; con este único Juan y junto a nosotros, los confiará a su Madre y, Él mismo, más madre que todas las madres, como si fuera ella, los reúne en su amor y gesta en ellos su Iglesia.

Ahí los tenemos, desfilando bajo sus ojos: Andrés, hermano de Simón Pedro, el hombre, a quien un patíbulo como el de su Maestro no arrancará más que este grito: «¡Oh buena cruz!...»; Santiago, hijo de Zebedeo, quien declaró poder beber el cáliz, y, en efecto, lo beberá; Tomás, el que duda, el hombre que quiere tocar, que solo cree en pruebas sólidas, pero que fue el primero en decir, mientras subían a la ciudad sangrante: «Vayamos también nosotros y muramos con él»[119]; Bartolomé, o Natanael, «en quien no hay doblez»[120], que ha reconocido por rey de Israel al potente Desconocido; Felipe, a quien le fue dicho: «Felipe [...], el que me ha visto a mí ha visto al Padre»[121], y quien, lleno de fe, sumía los ojos en el abismo de los ojos divinos; Mateo, el recaudador de impuestos, llamado por una señal del telonio de Cafarnaúm, y que rápidamente, dejando allí todo, celebró con un festín la alegría de su llamada; Tadeo, o Judas, «no el Iscariote», como dijo al nombrarlo y como con temor su condiscípulo Juan, y Simón el Cananeo, llamado el zelote, dos hombres que, en casi todo, estarán para nosotros en la sombra, pero brillarán por el martirio; el otro Santiago, el «hermano» del Señor, que será el venerable apoyo de toda la venerable Iglesia, el guardián de su piedad y el ejemplo de su celo, hasta que sea precipitado de lo alto del Templo y muera, diciendo como su divino Hermano: «Señor, perdónalos, pues no saben lo que hacen».

---

[119] Jn 11, 16.

[120] Jn 1, 47b.

[121] Jn 14, 9.

Por último, Pedro; Pedro el pobre renegado, cuya ausencia tal vez sea vergüenza y voluntad de expiación, antes que una nueva falta; Pedro, que recibe allí su bautismo de lágrimas; Pedro con enfebrecidos ojos y con profundas arrugas labradas en el día a día; Pedro, cuyo nombre parece estar incorporado a la naturaleza de Palestina, pues ¿quién puede oír, en Jerusalén, el canto del gallo sin que el desgarro de este corazón no le acompañe, ni la mirada silenciosa de Jesús, ni la huida en plena noche del desgraciado amigo al que hostigan sus remordimientos?

En la *Pasión según san Mateo* de Johann Sebastian Bach, las lágrimas de Pedro son sublimes, pero uno las ve caer con mayor misterio cuando, en la primera mañana, desde las tres de la madrugada, los gallos de Siloé y del monte de los Olivos lanzan su canto a la luz, representando la llamada divina al arrepentimiento y a la luz de vida.

Si Pedro estuviera ahí, volvería a encontrar a golpe cierto en el primer vistazo de Jesús la expresión triste y suave que lo despertó de su pecado en la casa de Caifás; pero sabría leer en ella su perdón también. Su caída le ha hecho conquistar la humildad, esta primera potencia del alma; su martirio, tras una gran vida, probará su generosidad. Será también él crucificado, pero no querrá dibujar sobre el cielo la misma figura que su Maestro; pedirá ser crucificado cabeza abajo, demostrando así con un mismo acto el sentimiento de su humana humildad y el impulso de su sacrificio.

Jesús lo mira y esta mirada que disipa la malicia de los seres, esta mirada que suscita el amor en el fondo de los corazones débiles y los libra de sus faltas, la debe percibir desde la lejanía. Ha sido sacudido, la piedra, pero es él sobre quien reposa la obra eterna. La fuerza de Dios vendrá ahí donde la carne mostró su fragilidad. Si Pedro ha sucumbido, no por ello es menos el primer creyente en Jesús Hijo de Dios, en Jesús, el Cristo prometido. Esta alianza de palabras, que para nosotros no forman ya sino un solo vocablo: Jesucristo, se la debemos a él. Es el primero que haya llamado al Salvador de los hombres por su nombre.

Están pues todos ahí, según el espíritu, están ahí por su fe, por su corazón siempre entregado, por su vocación que no decae, por su alma fiel, ausentes únicamente por timidez. Jesús los bendice y, sangrando por ellos, le paga a cada uno su rescate. Los llamará mañana «sus hermanos», poniéndolos, por así decir, sobre el mismo suelo que Él, en el momento en que la obra común les será visiblemente confiada, y las naciones, dadas en herencia espiritual y los siglos, confiados a su descendencia.

Darán testimonio de Él, hará de sus corazones las tablas de su Ley, les encargará que preparen su salvación y que planten su cruz en todos los puntos de la tierra; los constituirá como cimientos de su edificio social, ramas principales del gran árbol, candelabros para la iluminación, manantiales para la fecundación de este mundo, astros y luminarias del cielo cristiano.

Pues no hay por qué negarlo, el mundo ha sido iluminado, y es fecundado y guiado, aún en nuestros días, por estos hombres. Unos barqueros, un recaudador de impuestos y un carpintero, inconscientes, medrosos, a los que la gracia perdona, ausentes que se harán presentes por siempre: tales son nuestros antepasados. Es el milagro de la cruz. Engrandece todo lo que sostiene, y salva incluso a los que la repudian, con tal de que el fondo del corazón se acerque a ella.

Están ahí, pero, sin embargo, no del todo.

Hay uno de ellos que falta.

Esta mañana, al alba, mientras Jesús era definitivamente condenado e iba a ser llevado ante Pilato, un hombre se dirigía hacia un lugar desierto. Parecía azorado, se sentía en una soledad aterradora. Miró alrededor de él y le pareció que todas las cosas lo rechazaban; no percibió la mirada que por doquier espera la nuestra ni los invisibles brazos siempre tendidos.

Era el Viernes Santo e ignoró su indulgencia, la sangre que iba a verterse por sus actos no fue a su parecer la fuente de vida que no pedía más que limpiarlo. Lanzó hacia el amor que lo había acogido su suprema ofensa. Divisó un árbol del campo, colgó de él su cinturón, lo anudó sólidamente y, pasando por él la cabeza, se precipitó a una doble muerte.

*   *   *

113

Dejemos este penoso recuerdo: nos aguardan visiones más consoladoras. Si hemos hecho justicia a los doce, incluso en su ausencia, ¿vamos a rehusar la contemplación de esas presencias llenas de valor, de esos tiernos sollozos que están cerca de la cruz?

Las santas mujeres están ahí, algo agitadas, unas veces cerca, otras veces lejos, según el momento. Han seguido a Jesús por sus caminos: cuando se trata de cumplir junto a Él los últimos deberes, no lo abandonan. Su presencia es ante todo un símbolo providencial; esta presencia manifiesta el porvenir en el pasado y da testimonio, tanto en la vida del cristianismo como en la vida de Jesús, del papel de la mujer.

La mujer tiene, en la constitución de la Iglesia que nace, un lugar que el evangelio ha querido poner de relieve. Desde el inicio de la predicación galilea, san Lucas nos muestra al grupo reunido en torno a su jefe, con Pedro en primera fila, otros once apóstoles ayudando junto a él a Jesús en su ministerio; y por otra parte, unas mujeres, de las que algunas habían sido curadas de enfermedades o malos espíritus, asisten al grupo apostólico con su esfuerzo y sus bienes[122].

Eso no tenía nada de insólito; los fariseos, a causa de su fama de piadosos, veían de esta forma orientarse hacia ellos el alma religiosa de las mujeres, recibían por tanto su ayuda y ninguno quedaba contrariado por ello. Que estas siguieran a Jesús en sus viajes constituía acaso una novedad; pero ellas la hacían muy sencilla uniéndose con su Madre.

Estas mujeres, entregadas desde primera hora, se entregarán hasta el fin; vendrán a embalsamar el sepulcro; darán testimonio de la resurrección; participarán en la efusión del Espíritu en el tiempo de Pentecostés; se consagrarán a la obra del Amigo divino, tras haber amado y adorado a su persona.

En el Calvario, reciben una investidura; lo que hayan de ser sus hermanas en la historia cristiana, lo son al pie de la cruz, con el fin de que lo eterno femenino santificado encuentre ahí su auténtica representación.

---

[122] Cf. Lc 8, 1-3.

Y como los doce tienen una jerarquía en la que Pedro, Santiago y Juan forman un primer peldaño donde Pedro va en cabeza, de esta misma manera las santas mujeres tienen sus protagonistas en María Magdalena, en Marta su hermana, en María de Cleofás, madre de Santiago el Menor y de José, en Salomé, madre de Santiago y Juan y mujer de Zebedeo, en Juana, mujer de Cusa, administrador de Herodes, y en Susana. En la primera fila de todas ellas está María Magdalena y, sin parangón, dominando de muy alto al grupo, María Madre de Jesús.

Todos estos delicados corazones –mantengamos aparte de momento el corazón singular de la Virgen– han comprendido mejor que los hombres lo que había de sublime suavidad y de tierna fuerza en Jesús como profeta, Mesías y mártir. Su grandeza les ha atraído; su bondad les ha retenido; su sufrimiento no puede sino unirles más; les cautiva. La mujer es una consoladora por antonomasia, su sentimiento de la vida la lleva a socorrer, porque, predispuesta al don de esta vida, experimenta por ello más que el hombre la fragilidad y las necesidades; defiende lo que entrega.

Estas almas compasivas, a la vez un poco hijas, amigas y madres, están pues ahí llenas de lágrimas, dan ánimos con la mirada, invitan a compartir las debilidades humanas; al mismo tiempo, confesando a Dios redentor, solicitan para ellas mismas una gracia; se unen a los sentimientos de su sagrado Preceptor y reciben un encargo frente a la tumba. Este cuerpo ya les pertenece, una de ellas lo ha embalsamado de antemano y todas van a apresurarse enseguida, antes del Sabbath, para comprar aromas y envolver con simbólicos perfumes el lecho de piedra de Jesús.

⁎   ⁎   ⁎

¿Dónde está la que ha embalsamado de antemano a su Señor, la amorosa previsora que, precediendo a sus hermanas, ha vertido el primer nardo, ha suministrado el primer sudario –sus cabellos– para envolver los pies bañados de aromático aceite y de lágrimas? Nos la imaginamos abatida al pie de la cruz, abrazándola con los dos brazos, haciéndose una con ella, recogiendo la sangre que por ella cae o empapando su cabeza. El arte del futuro la colocará con

115

esta actitud, y otras veces la vemos sosteniendo a la Virgen, que se ha desvanecido en esos trágicos momentos.

No dice nada: ¡qué podría expresar ante sentimientos tan extremos! Ni siquiera piensa; ni siquiera sufre: es Jesús quien piensa y sufre por ella. Uno no se atreve a hablar de la opresión de su corazón: ya no le queda. Siente en su pecho las grandes palpitaciones que sacuden de vez en cuando el pecho del Mártir. Ya no tiene sangre, pues la de Jesús se derrama; ya no tiene voluntad, ya que Él se entrega; para ella también todo está consumado y no podrá nunca más sino llorar, llorar, llorar, pero llorar diciéndose que Él la ama, y sufrir sin saber lo que la arrebata, sea su conmovedora delicia o su deleitable tormento.

María está de pie bajo la cruz. Magdalena no tiene esta obligación; Magdalena no es la corredentora, no es sino un alma que ama y sufre, que se desgarra, tratando de igualar la suya propia en el dolor de su bienamado. La escena que se desarrolló en casa de Simeón se renueva, pero esta vez desvelando su significado, oculto entonces.

¿Nos acordamos de ese acto inaudito acto y del estupor que causó, cuyo alcance se nos escapaba entonces? En plena comida, en pleno discurso del Señor y de su anfitrión, aprovechando la costumbre (¿pero esta costumbre era de las pecadoras?), entró en la sala con un precioso frasco; se colocó tras Jesús recostado a lo oriental, y ahí, sola en el mundo con su amor, ignorando al gentío que mira, se pone a bañar de perfume los cabellos del comensal, a ungir sus desnudos pies sobre el lecho y a enjugar con sus cabellos los sagrados pies vertiendo el perfume y las lágrimas.

Uno cree comprender lo que hace y lo que la ha llevado a este acto audaz. Ha sido perdonada de su vida indigna; sus «siete demonios» han huido, dejándole un alma de niña, únicamente más ardiente e impregnada de un reconocimiento sin límites. Por Jesús, ha conocido finalmente la verdadera alegría, por Él ha aprendido a no profanar ya el amor, y el amor purificado se eleva en ella tanto más alto cuanto que debe compensar pasadas locuras.

Tras unas faltas llamativas, ¿no debe exteriorizar el arrepentimiento con un dolor igual de llamativo? La que se ha relacionado con el mundo de todos los modos posibles, se enfrentará a él ahora con humildad, con un alma llena de grandeza y de fe. Y su nombre brillará hasta el punto de ser un símbolo de la resurrección espiritual, una patrona de los arrepentidos.

Pero otra cosa aún la hace decidirse. Jesús va a morir y ella lo sabe; la intuición del amor le ha revelado lo que casi todos ignoran; en la tumba de Lázaro, la actitud de los judíos no se le ha escapado en modo alguno; ella que decía con confianza: «Si hubieras estado aquí, mi hermano no habría muerto», ¿no diría ahora desesperada: «Si no hubiera estado aquí yo, forzando tu ternura, serías tú, adorado Maestro, quien tal vez no habría muerto»?

No obstante, piensa que en esta muerte hay motivos más profundos; ella ofrece la ocasión, pero ¿dónde encontramos la causa? Jesús es víctima no solo de los judíos, sino de toda alma humana.

¿De toda alma? Sí, con la condición de añadir que eso significa de cada una, y de cada una en la medida de sus propios extravíos. Por lo tanto, a los ojos de Magdalena, ¡qué agravamiento, en el momento en que se adelantaba una disculpa! ¡Ah! ¡Qué horror, cuando se acuerda de sus pecados! ¡Qué sentimiento de responsabilidad eterna! Es a ella misma a quien Jesús rescata y si el amor viene a ella sangrando por entero, ¿no le saldrá al encuentro?

Aquí la tenemos entrando en la Pasión; ella anticipa, ella se une a Jesús que desde siempre prevé; ella consiente; ella se desvanece; ella llora; ella da gracias; y entre ellos dos, hay una suerte de secreta connivencia que con solo una palabra y para instruir a su anfitrión Jesús desvelará: «Ha hecho cuanto estaba en su mano: se ha anticipado a embalsamar mi cuerpo para la sepultura»[123].

Y, en consecuencia, el perfume vertido ahí embalsamará al mundo, del mismo modo que el cuerpo que escapa al sepulcro lo colmará. «En verdad os digo: dondequiera que se predique el evangelio, en todo el mundo, también lo que ella ha hecho se contará en memoria suya»[124].

La casa de Simón fue aquel día como la antecámara del sepulcro nuevo, destinada a las unciones fúnebres, y el corazón de Magdalena

---

[123] Mc 14, 8.

[124] *Ibidem*, 9.

fue, después del de la Virgen, la primera tumba. Magdalena se adelanta a llorar a Jesús, lo llora como un recién nacido, según las palabras proféticas. Él es un recién nacido para ella, que acaba de nacer en Él.

¿Su frasco? ¿El delicado alabastro de estilizado cuello con lucientes paredes? Ella lo rompe, para que ya no sirva para nadie; ni siquiera servirá para Él, puesto que muere. ¡Si hubiera podido lanzarlo al sepulcro! En las tumbas cananeas se encuentran así vasos y objetos quebrados como homenaje a la muerte.

Pero, ya que Él muere y muere por ella, ya que está listo a morir por amor, ¿se va a quedar ella en la retaguardia? No puede imitar a la esposa hindú que sube al leño de su esposo para unirse a sus cenizas; ella lo hace mejor: por la penitencia, por el don completo del presente y del futuro, habiendo amortajado a su Señor vivo, se amortaja a sí misma y acepta la muerte en Él.

En la cruz, reitera el don, y es esto lo que derrama, más que lágrimas y más que la sangre del corazón al pie del Amigo que sufre.

En otro tiempo, se entretenía a sus pies para escucharlo; era «su parte», que no le había sido retirada, se ha levantado de allí para la unción en casa de Simón; tras los pies del Comensal encuentra los del Mártir y, al día siguiente, de nuevo se precipitará a estos mismos pies que no puede abandonar, donde reconoce su lugar, donde sacia su pasión de humildad y ternura. Siempre postrada, ella, siempre desvanecida, porque el amor la posee y porque su propia vida ya no está.

*   *   *

STABAT MATER DOLOROSA

Ella estaba de pie, la Madre dolorosa,
bajo la cruz, llena de lágrimas,
mientras su Hijo pendía.

¡Oh! ¡Cuán triste y afligida estaba,
esta Madre, esta bendita Madre
del Unigénito!

¡Qué angustia tenía, cuánto sufría,
la dulcísima Madre, cuando veía
las penas de su noble Hijo!

¡¿Qué hombre no lloraría
si viera a la Madre de Cristo
en tanto suplicio?!

¡¿Quién no se entristecería con Ella,
si contemplara a la Madre de Cristo
sufriendo con su Hijo?!

No se puede introducir más que por la liturgia, que lo ha agotado, un tema ofrecido a las meditaciones de los siglos y a la fructífera emoción de las almas. La Iglesia ama este cuadro; se diría que el *Stabat* le presenta su propia imagen, que es su himno de dolor maternal y de gloria siempre ensangrentada.

Ha buscado en las profecías; ha gritado con Jeremías a su gran antepasada: «Pues grande como el mar es tu quebranto, ¿quién te podrá curar?»[125]. Le aplica a ella, como aplica a Jesús, lo que se dice de la hija de Sion destruida: «¡Oh vosotros, cuantos pasáis por el camino: mirad y ved si hay dolor como mi dolor»[126].

María es única en todo; después de Jesús y en Él, a causa de su relación con la Persona sagrada y con su obra, sobrepasa tanto en dolor como en mérito y también, más tarde, en gloria, a toda criatura asociada al caso humano. Es la Virgen, la Madre, la corredentora; es la flor que no ha abierto su cáliz sino para el cielo, la estrella, la fuente de donde nos vienen luz y purificación, el surco en el que germinó el pan de los hombres. Eres tú, María, de quien parte la luz del mundo, porque «el que ha nacido por nosotros ha elegido ser tuyo»[127].

---

[125] Lm 2, 13.

[126] Lm 1, 12.

[127] *Ave maris Stella.*

Es natural que la que tiene esta importancia no se separe, en el momento del dolor, de la obra ni del que la lleva a término. Lo que no había sufrido para criar a Jesús, dice un Padre, lo sufre con su pérdida, lo había sentido vivir en ella; ahora, ella lo siente morir. La infancia, la vida oculta, la ardiente predicación le pertenecen, pero cuanto más el final, que exige una maternidad completa.

¡Qué cortos han sido estos años! Tenía prisa, sin duda alguna, por verlos comenzar, verlos desarrollarse, vivía por delante, y qué de veces Jesús debió decirle, como se adivina en las palabras de Caná: «¿Por qué te apresuras, mujer? No es aún mi hora».

El dolor presente se mide en lo que este Hijo era para María. Era su Dios, y era la carne de su carne; era una parte de ella y una de las tres Personas. Lo ha alimentado en nombre de la tierra y el cielo, ha vivido para Él, que quería vivir de ella y por quien ella había nacido. Ha secado sus primeras lágrimas, sonreído a sus primeras palabras; ha guiado sus pasos, inseguros como los nuestros, ha sopesado el tesoro de esta alma, por la que resplandecía nuestra carne, en otro tiempo tinieblas, y por quien Dios se mostraba.

Él mismo esperó todo de la que estaba predestinada a darle todo, fue su querida *divinidad* terrestre, asociada a la divinidad de su Padre y del Espíritu creador. No la abandonó en modo alguno durante largos años, ella lo siguió más tarde. Podemos figurarnos la relación entre ellos, durante estos tres años, como un misterio saboreado únicamente por los íntimos, pero en el que lo profundo se une a las exquisitas delicadezas. Ahora la deja; en un mismo día pierde a su Dios y a su Hijo. Se comprende que se suma en un dolor que solo sigue siendo humano por el sujeto; su objeto rebasa al hombre.

También los santos ven a María en el Calvario sangrando por completo. Sangra la sangre de su Hijo, a quien le besa las heridas; la sangre de la cruz, cuyos surcos siguen en su boca; la sangre de la tierra, regada por este rocío. Esta sangre y su palidez nos dan una imagen trágica de ella, una Níobe[128] más dolorosa que Níobe y más

---

[128] Níobe es una figura de la mitología griega que ante el dolor de ver muertos a sus hijos quedó convertida en piedra.

tierna, más pura y más accesible, en razón de su propia grandeza, en el corazón de los humanos.

Pero es sobre todo en su interior donde tenemos que contemplar a la Virgen sangrante. Corporalmente, está al pie de la cruz; pero su corazón está clavado junto a su Hijo y toma parte en la infinidad de su dolor. Él es la Víctima de las cinco llagas; ella es la mujer con siete espadas. Él sufre la crucifixión; ella, la transfixión; él, la Pasión; ella, la compasión. Son una sola víctima.

Y podemos pensar que de las dos partes surge el esfuerzo de unidad. Jesús mira a María pensando que ella lo ve sufrir; María encuentra en Jesús la repercusión de su propio dolor. Se afligen mutuamente, y mutuamente se consuelan. ¡Oh! Él no guarda para sí, siendo todo lo divino que es, lo que su humanidad sufre. Esta humanidad ha surgido de María: María toma lo que por derecho le corresponde; Él se lo concede.

Consiente que ella lo vea todo, que lo padezca todo, que lo saboree todo, que ella se acueste en el lecho de la angustia, que sea traspasada por los clavos y perforada por las espinas, que se quede sin aliento cuando lo cuelguen y se estremezca con los terribles calambres en los que está sumido su pobre cuerpo. No se guarda nada para sí mismo, todo se reproduce en ella, y es su alta voluntad que lo sienta de esta forma, como es su instinto.

¿Su instinto? Sí, el instinto de Jesús como hijo, de Jesús que vuelve a ser niño, me atrevería a decir, como todo persona que sufre una pena. No temamos en atribuir a Cristo estas conmovedoras debilidades que Él mismo mostró en el Getsemaní, y comprendamos que, si allí imploró el socorro de los discípulos, no se va a resistir ante su Madre. Acerca su cara ensangrentada hacia este rostro que fue el primero en sonreírle; la cabeza, echada hacia atrás por la corona de espinas, busca un hombro suave. ¡Cómo aceptaría un beso de estos labios!

En otro tiempo, ¿no le gustaba olvidar por instantes que se había hecho hombre para regresar al seno materno? ¿No era ella su reposo, la dulcísima, su Betania siempre cercana, su olvido de las horas tristes y su abandono después de la áspera tensión de sus constantes trabajos? La seriedad y la hombría no parecen excluir de ninguna manera, en Jesús, esta delicada puerilidad que persiste en los más fuertes y se despierta en los momentos de sufrimiento.

¡Oh! ¡Cómo lo recibiría ella en sus brazos! ¡Cómo se lanzaría a ellos Él mismo! Dentro de un momento, cuando expire, dejará caer la cabeza sobre ella y desplomará su cuerpo para confiarlo a sus cuidados en la muerte, como ella cuidó de Él en su nacimiento. Este será el momento de ella; este cuerpo entumecido será su única parte, y para hacer entrar en calor a dos carnes casi igual de frías que el mármol, no habrá ya más que un solo corazón.

¿Hace falta recordar que, si el dolor de Jesús encierra, como conviene que así sea, una preeminencia incomparable, el de María se prolongará durante más tiempo? María sufrirá la muerte de su Hijo, de la que el crucificado no padece sino la llegada; ella recibirá la lanzada; las llagas que enjugará le parecerán estar vivas y por ella, en efecto, tendrán vida. El cuerpo colocado sobre sus rodillas, con la cabeza sobre su pecho, hará estremecerse, por su rigidez o por sus terribles convulsiones, el seno que lo concibió y, por último, envuelta en una nube aún la resurrección, ¿no vivirá ella por segunda vez la muerte de Jesús, cuando lo recojan para entregarlo al sepulcro?

¡Cuántas veces, más tarde, despertarán todos estos recuerdos! Devota del camino de la Cruz antes que todos los demás, cuántas veces se la verá vagar por Jerusalén buscando sus huellas, detenerse ahí donde cayó, volverse a encontrar con su mirada en la curva de los bazares o en la puerta de Efraín, unirse a las mujeres a quienes regaló su última enseñanza, subir la pendiente del Gólgota paso a paso, cerrando los ojos para ver mejor, yendo sin hacer ruido con el fin de escuchar mejor y viniendo a perderse en largas contemplaciones ante el hueco de la cruz.

Entonces, no conservará vida sino para amar a costa del sufrimiento; ahora no tiene vida sino para sufrir con el fin de amar mejor. Su dolor se prolongará en provecho de la obra; en este momento su dolor se extiende sin medida debido a la Persona y a la unidad que la une a ella.

Pero ¿qué digo? ¿No es también la obra, especialmente la obra, lo que está en juego en los sufrimientos presentes? María no estaría unida a Jesús si ella no se consagrara, y su dolor con ella, a la causa por la que Él muere. La cruz es un altar; la Víctima que se inmola debe encontrar en María de nuevo un altar, el altar de su corazón.

¿Para qué sería hecha, sino para esta aceptación que es la razón de la encarnación y, por consiguiente, de la cooperación que aporta? Si Jesús es el segundo primer hombre, ¿no es ella la segunda primera mujer? Ella conoce su llamada. La espada blandida por Simeón no ha esperado al Calvario. Incluso antes de Simeón, ¿no estaba todo contenido en el dulce y doloroso pesebre, en la deliciosa y trágica Anunciación?

Es un crucificado el que ella recibe en su seno; escultores ingenuos hacen descender a Jesús de lo alto del cielo, en un rayo, con la forma de un niño con la cruz al hombro. ¡Eso es! María engendra la muerte para engendrar la vida; la leche del niño anuncia la hiel y el vinagre; la cuna miserable es un primer madero; el mismo Jesús, más tarde, no se equivocará al lanzar ante María las crueles noticias que su silencio dejará descubrir todavía en sus ojos.

Su intimidad, ¿fue alguna vez relajada y apacible? Fue feliz, desde luego, pero de esta austera dicha de los héroes que conocen el peso de su destino y el temible precio de su gloria. Jesús estaba muriendo siempre, y María, siempre aceptando su sacrificio. Aceptaba su parte, que era contribuir en todo; colocaba la cruz dentro de su voluntad esperando verla sobre el túmulo; amortajaba espiritualmente a su Jesús.

Hoy nada queda retractado; todo se concentra, al contrario, con plenitud. El dolor de Jesús es voluntario por las dos partes; tanto María como su Hijo podrían decir: «Por eso me ama el Padre, porque doy mi vida para tomarla de nuevo. Nadie me la quita, sino que yo la doy libremente»[129]. El alma de Jesús es suya; ella la entrega. Ahí está la hora de ella, como la de Jesús. La sierva del Señor lo sirve hasta el martirio. La que no estuvo presente en el Tabor está de pie cerca de la cruz; la que se apartó de la procesión de los ramos acude

---

[129] Jn 10, 17 y s.

hacia el altar. La heroína del Stabat, la Piedad, no será únicamente la Níobe santa, es la nueva Eva, la que vuelve a crear al género humano con su Autor y rescata las almas dándoles a su Hijo.

STABAT MATER DOLOROSA

Ella estaba de pie, la Madre dolorosa,
bajo la cruz, llena de lágrimas,
mientras su Hijo pendía.

¡Oh! Que el corazón de los hombres haga guardia y corone a esta Madre afligida a la que cada uno hemos causado el suplicio. No pudiendo consolar a la inconsolable, al menos que la tranquilicemos haciéndole ver la eficacia de sus dolores.

SANCTA MATER, ISTUD AGAS

Santa Madre, haz esto:
sume las llagas del Crucificado
profundamente en mi corazón.

De tu Hijo herido,
que por mí quiso sufrir tanto,
reparte conmigo las penas.

Que yo llore tiernamente contigo,
que me compadezca del Crucificado
mientras esté yo vivo.

*   *   *

El dolor de María, por inmenso que sea, ¿no está atenuado por un sentimiento de fondo que conlleva un inefable consuelo? Debemos pensar que así es, si es cierto que María está unida plenamente a Jesús y consagrada a su obra. ¿Quién nos guiará en este misterio tan profundo?

Diremos de Jesús que tiene su cielo interior, incluso durante la Pasión. No le ocurre lo mismo a María, pues se trata de un privilegio que se aferra a la cualidad de Hijo de Dios; pero este cielo que presiente, ¿no es un poco el suyo? Nada de Jesús le es extraño; su corazón se une a las secretas felicidades que constituyen la parte insondable de Jesucristo.

De la misma manera, el futuro les es conocido a ambos. Tras la cruz, ven los frutos y la gloria, y ¿no hay en ello también, para complicar un misterio lúgubre, un misterio de alegría?

María desciende, en el alma de su Hijo, a mayor profundidad que la Pasión y en ella descubre una zona de luz; sus lágrimas profetizan; Dios, que se las ha puesto en el corazón, les añade su verdad. Ella lo sabe, ella espera y puede añadir al sufrimiento en Jesús un contrapeso de esperanza.

Jesús decía a los doce: «Vuestra tristeza se convertirá en alegría»[130]; ¡cuánto más no lo diría a su Madre! Después de sus dolores, el universo espera a María para una inmensa aclamación. Si el *Magnificat* de antaño deja sitio hoy al *Stabat*, el *Stabat* a su vez debe fundirse en un *Magnificat* ampliado, rebosante de toda la alegría del mundo.

El Todopoderoso que ha hecho en María grandes obras, las hará mucho más grandes por ella misma. «Bella como la luna, radiante como el sol, terrible como un ejército dispuesto para la batalla», cambiará con su Hijo el destino de las naciones y será solamente como lugar de paso que se acuerde del Calvario.

Nos la representamos así pues en su dolor y en una contemplación que desborda los dolores presentes; está como en un sueño. ¿No sabemos que la profundidad misma de la realidad obliga a veces a nuestra alma a sobrepasarla? Pero el sueño de María no es una alucinación en la que se mueven unos espectros, es el sueño creador, o mejor dicho, este sueño divino retomado y serenado tras la falta: el sueño redentor.

Aquí tenemos que uno de los elementos de este destino, unido a una llamada al presente, va a ser declarado.

Jesús acaba de bajar su mirada hacia el grupo que sujeta su cruz como en un abrazo. Ve a su madre, ve a Juan que sin duda alguna

---

[130] Jn 16, 20.

en este momento hace algún gesto de hijo y sintiendo moverse en él su ternura por estos dos seres, por otros que evoca a través de un símbolo vivo, consagra para reunirlos una de estas escasas interrupciones del silencio a las que llamamos «las siete palabras».

Evita, diríamos, ponerse tierno. Habla con graves palabras; no llama madre a María, por temor a quebrar su corazón; sino que retoma la fórmula solemne y como impersonal que emplea cuando se trata de su papel: «Mujer –dice– ahí tienes a tu hijo», y a Juan: «Ahí tienes a tu Madre».

Toda la Iglesia ha comprendido que Juan, en ese momento, es un representante. María le es confiada personalmente, y personalmente también María le adopta. Es el pariente próximo de Jesús, y Jesús, el modelo de los hijos, se deja sustituir por él; pero el vínculo así establecido es por lo demás un símbolo. María recibe de su Hijo al género humano en tutela; el género humano recibe a María en herencia. En el tierno y desgarrador adiós que Jesús acaba de formular está contenido un último misterio de amor.

No es momento de decir todo lo que hay en este múltiple don; retengamos solamente que si, para nosotros, es el anuncio de los privilegios más delicados y preciosos, para María es una asociación más explícita y más visiblemente íntima con Jesús redentor. Jesús invita a su Madre a adoptar a sus «hermanos», a orientarse ya no solo hacia la cruz y hacia el sepulcro, ni siquiera hacia el lugar de la ascensión y la gloria, sino hacia el escenario de la gran obra que requiere de su tierna y potente intervención.

María consiente; María adopta su papel. No tiene necesidad para eso de dividirse, de renunciar a sus lágrimas y de dejar a solas con su dolor a aquel por quien todo el resto queda vencido. Es en Él en quien ve todo; se sume una vez más en esta herida de su amor que encierra todos los misterios; toma a Jesús tal como es, en su papel y en su persona; la nueva Eva está unida al nuevo Adán, ya sea en su lecho de dolor, ya sea en los siglos en que vivan las generaciones futuras.

La lección de este episodio, en lo que nos atañe, siendo Juan el primero de los hijos adoptivos de María, al igual que Jesús es su hijo según la naturaleza y el primero de los hijos de Dios, es que tenemos que seguir en la tierra al discípulo, como nosotros debemos seguir a Jesús. Los seguiremos por lo que une a los seres y les da un alma común: por la fidelidad, por la ternura filial, por la entrega a la obra que realizan en armonía el Hijo, la Madre y los miembros de la familia espiritual a la que el primero da su sangre y la segunda, su corazón.

Formulado el testamento, y vuelto Jesús de nuevo a su silencio, María vuelve también a su meditación. No puede debatirse y decir no; no puede decir sí sin angustia; la sustitución de un hombre en lugar de su Hijo divino; de una muchedumbre en lugar del Único, ¿es para alegrarse? El presente no tiene derecho a ocultarle el futuro; el futuro aún menos la arranca del presente. ¿Qué hará sino aguantar, sin discutir, de pie en cuerpo y alma?

STABAT MATER DOLOROSA
Ella estaba de pie, la Madre dolorosa,
bajo la cruz, llena de lágrimas,
mientras su Hijo pendía.

En Gabaón, en los tiempos de David, la trágica Rispá velaba así junto a un patíbulo en el que dos de sus hijos inocentes expiaban un crimen del pueblo. Estaban en los primeros días de la siega de la cebada, una época del año algo más tardía que la Pasión de Jesús. Rispá tomó un saco y lo extendió sobre la piedra, hizo de él su propiedad y no permitió a los pájaros del cielo devorar a sus hijos[131].

La Rispá del Calvario no tiene la misma libertad; no puede separar a las rapaces, deja que el odio desgarre a su Hijo. ¿Qué digo? Coopera, no participando en el crimen, sino secundando el designio misericordioso del Padre, del Hijo y del Espíritu Santo.

Esposa de este Espíritu creador que retoma al hombre como nueva obra, madre del Hijo, del hombre nuevo, hija del Padre, del

---

[131] 2 S 21, 10.

que todo procede, María ayuda a la familia a la que su sobrehumana vocación la ha introducido. Hace una obra divina, se asocia a ella, y nos convencemos de que el Espíritu inspirador la sostendrá en el momento de decir, a imitación de aquel que muere, exhalando su soberano pensamiento al mismo tiempo que su alma: «Padre mío, en tus manos encomiendo a mi Hijo».

8. Sus enemigos

Una vez que los amigos de Jesús han pasado bajo su agonizante mirada –y bajo la nuestra– es el turno de los enemigos. Aquí los tenemos por orden de culpabilidad, si nos atrevemos a juzgarlos de esta forma: los soldados, la turba, Pilato y Herodes, los jefes judíos, Judas.

Los soldados que intervienen en la Pasión son soldados romanos, no los *equites* de las gloriosas legiones, sino mercenarios probablemente sacados de las regiones vecinas y acaso no ajenos a los prejuicios que muestran los judíos hacia Jesús. El gobernador tenía su cohorte, que protegía su persona y asistía su tribunal. Sabemos que la Antonia era una fortaleza y que la presencia del procurador transportaba a ella el pretorio; hay que ver así pues una guarnición, un cuerpo de guardia y unos asistentes para la aplicación de las penas.

Estas gentes, que van a comportarse de una manera tan indigna y salvaje, no son en modo alguno responsables en ningún grado de la Pasión. Tan solo obedecen; no creen hacer mal al ejecutar una sentencia llevada de común acuerdo por la autoridad judía y el poder romano. Estas dos potencias lo han asumido todo; los hechos externos podrían no comportar más que una inocente cooperación.

Jesús, como dice san Agustín, ha sido crucificado en la sexta hora por los soldados de Roma, pero en la hora tercera, por los judíos, insinúa el doctor, y por este motivo san Marcos, hablando del momento de la crucifixión, y obsesionado por su verdadera causa, menciona la tercera hora y no la sexta.

En san Lucas, la palabra de indulgencia del Señor: «Padre, perdónales, porque no saben lo que hacen»[132] parece tener por objeto
inmediato a sus verdugos, aunque ciertamente está a punto de ex-
tender el beneficio en mayor medida. En este caso, y en lo que concierne únicamente a los soldados, el veredicto de la cruz no sería
más que la expresión de una exacta justicia. Se apela al perdón para
ellos: por tanto, son culpables. Se declara, no obstante, que no saben
lo que hacen: por consiguiente, su culpabilidad no se relaciona con
la sustancia del hecho, sino con la manera en que intervienen en él.

El error de estos desgraciados ha sido el entrar de forma entusiasta en el juego criminal de los judíos, el desplegar en él, con una
innoble rudeza, su barbarie y su insolencia, añadiendo al crimen
del prójimo sus propios excesos. Están necesitados, los primeros,
del sublime perdón.

Cuando Jesús mira a estos hombres y también la fortaleza Antonia,
a su izquierda, a trescientos cincuenta metros de Él, ¿no habría de
recordar lo que había sufrido a la sombra de las crueles murallas?
La flagelación fue hace apenas tres horas; sigue siendo lacerante;
acaba de ser renovada por el expolio, que ha desgarrado las llagas
pegadas a la túnica; creemos saber que ha tenido lugar en unas
condiciones que no exigía en absoluto la ley y ¿por qué motivo?,
¿no es porque a la parte animal del hombre le gusta la sangre y
esta gente desata el animal de su interior?

¿No había bastante de placer inhumano en el hecho de azotar
atrozmente al condenado en el último suplicio? Las finas correas
que laceran y que desgarran; las cadenas de hierro provistas de
bolas metálicas que muelen y hacen saltar la carne; las espinas que
horadan y ahondan hasta los huesos: eso es lo que la sabia ley romana reservaba a los esclavos, como prefacio a la más aterradora
muerte que pudiera haber, a una muerte cuyas etapas conllevaban
por sí mismas una sabia gradación de torturas.

Como doloroso arrastre, como prolongación en un sentido y en
otro de un odioso martirio, como organizada y calculada búsqueda
del mayor maltrato, ¿no había bastante con ello? Los soldados en-

---

[132] Lc 23, 34.

cuentran el medio de sobrepasarse; al dolor, obligatorio por así decir, añaden uno gratuito, y su ferocidad es tan implacable que, ante su víctima jadeante, tienen aún valor para la mofa.

La acción del cuerpo de guardia se hace patente a los ojos; Jesús la vuelve a ver y saborea su amargor una vez más en medio de sus angustias; ahora bien, esta acción en sí estaba a cargo de los agentes de Pilato.

Jesús ha sido flagelado acaso fuera, sobre el *lithostratos*, ante el tribunal (πρὸ τοῦ βήματος), en todo caso en una sala exterior y, mientras supuestamente había de vestirse, el pelotón de ejecución se adueña de Él, lo lleva al «pretorio», es decir, aquí a un patio interior, donde se convoca a toda la cohorte como para un espectáculo.

¿Este condenado se dice a sí mismo rey? Bien, vamos a engalanarlo con las supremas insignias. Desabrochan una clámide que arrojan sobre los hombros sangrantes: esta será la púrpura; ven en un tronco una rama de espinas que trenzan como diadema y pudiera ser en esta estación que, junto a las espinas, hubiera flores, como lo piensa Calmet, de forma que imitara las coronas de fiesta: aquí tenemos al rey en gloria y en júbilo; se escoge un trozo de caña que hará de cetro, una vez metido entre las manos encadenadas o recibido pasivamente por la mano derecha: ¿no se pone acaso sin resistencia alguna un crucifijo en las manos de un muerto?

Entonces, ríen y, al mismo tiempo, golpean. La corona, que colocan levemente para no pincharse a sí mismos, se la encasquetan a grandes golpes; abofetean a esta irrisoria potencia que no se defiende; le escupen en la cara, y es un desfile en el que cada uno busca y encuentra una burla inédita, una variante cruel. «Y se acercaban a él y le decían: "Salve, Rey de los judíos"»[133]; «hincando las rodillas se postraban ante él»[134], adornando sus irónicos homenajes con golpes y escupitajos.

Se ha afirmado que estos ultrajes reales infligidos a un condenado eran tradición en Oriente; incluso se citan ejemplos en Persia

---

[133] Jn 19, 3.

[134] Mc 15, 19b.

y Palestina; se ha querido encontrar en ellos un rito: podría ser un atenuante, si se quiere, pero aparte de que es una suposición poco seria, queda por calificar este bárbaro revuelo que hace de la escena del pretorio una de las más indignantes de la Pasión.

Cuando por ello están en el suplicio final, inútil era que los soldados inventaran algo más, la operación es en sí misma suficientemente atroz; pero la burla no cede en absoluto. «Si tú eres el Rey de los judíos, sálvate a ti mismo»[135].

Esta idea de realeza es evidentemente lo que más ha chocado a estos pobres miserables; no ven en Jesús sino un pretencioso caído en desgracia, un compañero que se ha querido salir de la fila y al que ellos devolverán con gusto a su sitio. El populacho tiene tales sentimientos, la igualdad mezquina es su miedo obsesivo; «quien se eleve será humillado»: aplica a su manera esta sentencia.

No es que lleguen a ablandarse cuando le concedan darle de beber, pues estos brutos lo convierten en hazmerreír. Parecen decirle: «¿Hace falta que te aliviemos, a ti, el Rey de los judíos? ¡Y no haces uso de tu poder para eso como para liberarte!»[136].

Destaquemos, no obstante, que la burla no parece excluir todo sentimiento de humanidad; solamente lo estropea y, por su trivialidad, inflige a nuestra veneración un penoso bochorno.

El suplicio de la sed era para los crucificados uno de los más temibles; los soldados lo sabían. Tenían allí de beber. En Oriente, cuando uno se instala en alguna parte, la vasija es de rigor; la permanencia en el Calvario debía prolongarse bastante tiempo y la estación era tormentosa. Además, san Juan nos dice que había allí «un vaso lleno de vinagre», es decir, de agua acidulada, la *posca* romana y el vaso estaba, sin duda alguna, cerrado en su boca o en su orificio por la esponja que van a usar.

Cuando el Salvador confiesa su sufrimiento y parece pedir un consuelo diciendo: «¡Tengo sed!», los soldados no se niegan a compartir con Él su bebida; pero al mismo tiempo lo encuentran extra-

---

[135] Lc 23, 37.

[136] Cf. Lc 23, 35.

ño. «¡Se da de beber al Rey de los judíos!». Y se burlan, como si el juego fuera lo propio.

Un incidente va a redoblar sus risas. Jesús acaba de soltar el trágico clamor: «Dios mío, Dios mío, ¿por qué me has abandonado?», lo que se dice en arameo: «Elí, Elí, ¿lemá sabacthaní?». Ahora bien, los judíos presentes, conociendo a fondo estas palabras, que es el principio de un salmo[137], parecen creer que Jesús llama a Elías.

No pueden confundirse en eso, pues Elías se dice *Eliah*, y no *Elí* o *Eloí*; pero hacen un juego de palabras que les parece acertado para ese momento, pues Elías, según las creencias judías, debía ser el precursor del Mesías, y los que atribuían a este último unos principios modestos y sufrientes pensaban que Elías lo libraría y haría surgir su gloria. Bella ironía en decir: «¡Vean! Este Mesías en desgracia llama a Elías para que lo socorra; ¡Elías vendrá sin dudarlo!».

Es por lo que los soldados, que lo oyen, quienes tal vez, originarios de la tierra, están al corriente, entran en la broma y gritan al que sujeta la esponja empapada de *posca*, que la coloca sobre una caña para humedecer los labios ardientes: «¡Déjalo! Vamos a ver si viene Elías a salvarle»[138].

El otro, aparentemente haciendo coro, pero tomando el asunto de otra forma, responde: «Dejad, veamos si viene Elías a bajarlo»[139], como diciendo: «Es preciso que a Elías le dé tiempo a venir. Hagamos que el paciente perdure aliviando su sufrimiento».

A uno le gustaría suponer que este soldado habla así por respeto humano o por la necesidad de la situación; que, en el fondo, está emocionado y quiere presionar a sus compañeros. Dos de los evangelistas lo representan corriendo para cumplir su buen servicio; la diligencia corre, la ironía mide más bien su dolor. Si este soldado era una clase de buen ladrón menos libre de sus intenciones, en todo caso, un buen diablo enternecido ante la vista de tanto sufrimiento, uno comprendería que el dulce crucificado le fuera amable. Jesús,

---

[137] Cf. Sal 22, 1.

[138] Mt 27, 49.

[139] Mc 15, 36.

pronto a saborear la menor porción de bien, bebe entonces de la esponja con una especie de alegría, que es una recompensa.

El último gesto de los soldados antes de la muerte del Maestro es el reparto de las vestiduras. No es una nueva ofensa; es un derecho al despojo reconocido. Un escrito de Adriano lo regula un poco más tarde, disponiendo que únicamente serían considerados como legítimos despojos la ropa del condenado, los objetos pequeños y el dinero del bolsillo que tuviera con él en el momento de su arresto, pero no joyas preciosas o un cinturón bien adornado.

Uno se estremece con solo pensar que estos patanes van a ponerse el manto de un cuerpo adorable; un acto tan sucio nos subleva; pero estos soldados miserables no pueden ser tenidos por responsables; aquí más que siempre «no saben lo que hacen».

Esta palabra de la cruz que vuelve a nuestro pensamiento parece expresar con perfección los sentimientos del divino crucificado en lo tocante a los esbirros. Él no los maldice; están ante Él como los instrumentos de su Pasión, como los martillos, los clavos y las cuerdas, excepto que tienen un alma y que, esta alma, es amada por Él.

Sin exculparlos, la santa necesidad de su muerte cubre a sus ejecutores a ojos de Jesús. No los ve sino arropados por *la voluntad del Padre*. Por poco les hubiera agradecido el haberlo levantado del suelo de esta forma con el fin de atraer todo a sí, y en cuanto a lo que vino de la propia iniciativa de ellos, en el cuerpo de guardia de la fortaleza Antonia, ¿no estaría bien reconocerles el habernos dado una imagen, mejor que la Verónica, que el mundo no olvidará nunca?

¡ECCE HOMO! ¡Ahí tenéis al Hombre! Este hombre que es Dios y nuestro hermano, este símbolo de los dolores meritorios y de la realeza conquistada por el amor, ¿a quién le debemos su efigie? Tal figura parece haber sido dibujada por el ángel de la Pasión antes que por unos brutos; la devoción de todos los tiempos la ha grabado en el fondo de las almas; el arte, incluso el más profano, no puede contemplarla y glorificarla lo suficiente, y sucederá que la impresión de lo sublime sea tan fuerte que el horror se borre.

*   *   *

Es necesario diferenciar el tipo de personas que forman el gentío, numeroso en ese momento, como ya hemos hecho; nos quedamos en este momento con los más hostiles, que son los que dominan la masa, como ocurre siempre que cobran alguna importancia numérica y los líderes imponen sus consignas.

Lo increíble es que hubieran podido amotinarse contra Jesús aquellos que, por numerosas razones, debían ser sus partidarios. No habían recibido de Él más que buenas acciones; su palabra había despertado sus lánguidos corazones; su bondad los había conquistado; sus milagros los habían maravillado; su oposición a los abusos solo podía encontrar el apoyo de estas gentes; ¿sus promesas de felicidad no halagaban los sueños incluso de los que no creían en absoluto en ellas?

¿Dónde encontrar un reproche? Si aún podemos entenderlo por parte de los jefes, quedan dentro del misterio las imprecaciones que profiere el gentío. Es algo que tarda en surgir y necesitan de una serie de circunstancias para abrirse camino.

Al principio de su ministerio, en la sinagoga de Nazaret, Jesús había dicho aplicándose las palabras del profeta: «El Espíritu del Señor está sobre mí, por lo cual me ha ungido para evangelizar a los pobres, me ha enviado para anunciar la redención a los cautivos y devolver la vista a los ciegos, para poner en libertad a los oprimidos y para promulgar el año de gracia del Señor»[140].

Este programa había levantado un vivo entusiasmo. Cierto es que también se habían enfadado por ciertos reproches y que allí Jesús había ya experimentado en sus carnes el cambiante humor de este mundo; pero en conjunto, había sido bien acogido por la masa.

Aunque se lamentaba de su tibieza y de su incredulidad, de su egoísmo y de sus exigencias, no les achacaba sentimientos hostiles. Muchas veces había sido aclamado; habían querido hacerlo rey; había sido recibido y celebrado con reconocimiento y, estos últimos días, tras el milagro de Lázaro, ¿no había llegado este amor al clímax?

---

[140] Lc 4, 18 y s.

«¡Un gran profeta ha surgido en medio de nosotros!; ¡Dios ha visitado a su pueblo!; ¡lo ha hecho bien todo!; ¡ningún hombre ha hablado nunca como este hombre!; ¡es Elías!; ¡es Juan el Bautista resucitado o uno de los profetas!; es el Mesías: ¡Hosanna al Hijo de David! ¡Bendito el que viene en el nombre del Señor!». Tales son las voces con los que lo aclamaban.

En el transcurso de la Pasión misma, en casa de Pilato, la muchedumbre, en un primer momento, no parece malevolente. Los jefes no la han interpelado, ¡bien hubieran prescindido de ello! Sin Judas y la ocasión que propició, habrían retardado la satisfacción de su odio para evitar este tumulto. «Que no sea durante la fiesta, para que no se produzca alboroto entre el pueblo»[141].

La muchedumbre ha venido por razones propias; la liberación de un cautivo es hoy un derecho que le pertenece y lo reivindican. Tal vez piensan en Barrabás, pero acaso también en Jesús, interviniendo justo a tiempo en el tribunal[142].

Desgraciadamente, los jefes se interponen, ya sea por su insistencia o porque les deja la gente. Tienen tiempo para ello, pues aquí tiene lugar el episodio provocado por la mujer del procurador. Los intercambios de explicaciones entre los esposos parecen tomar un momento y era natural que se dejara a los reclamantes la forma de ponerse de acuerdo sobre sus preferencias.

Pilato acaba de proponer la opción: «¿A quién queréis que os suelte: a Barrabás o a Jesús, el llamado Cristo?»[143], y ha mostrado su pensamiento al decir: «¿Queréis que os suelte al Rey de los judíos»[144]. Dejados a su suerte, los judíos responderían sí, pero los jefes tratan de convencerlos; sus pontífices tienen poder sobre ellos, a pesar de sus quejas. Pilato, por otra parte, acaba de provocarlos burlándose por dos veces de «su rey».

---

[141] Mt 26, 5.

[142] Cf. Mc 15, 11-13.

[143] Mt 27, 17.

[144] Mc 15, 9b.

¡Siempre el rey! ¡Este rey abatido!; ¡este rey cuya posición es aún más ridícula que cruel!; ¡este Mesías encadenado ante un procurador romano! Bien parece que ahí se encuentre el nudo de la cuestión, a ojos de la muchedumbre israelita, ayer entusiasta, ahora vacilante, y súbitamente vuelta hostil y acalorada.

A las gentes no les gustan las contrariedades. Cualquiera que se las provoque puede pasar en un instante de rango de héroe nacional a nada o a menos que nada; las simpatías se dan la vuelta. Muchos sonoros fracasos, en la historia, no tienen otra explicación.

Ahora bien, figurémonos hasta qué punto es decepcionante, según las ideas judías, la imagen de Jesús ante Pilato, sin hablar de las acusaciones gratuitas a las que esa situación da crédito. El libertador del pueblo santo que comparece como un sedicioso y que no puede librarse de esta vergüenza; es el «escándalo de la cruz» como anticipación y uno comprende que unos fanáticos concluyan: «¡Que se cumpla su suerte!».

El desencanto se troca aquí en despecho; el despecho, en cólera; y, paulatinamente, bajo la excitación de los pérfidos jefes, se sube hasta la exasperación. La palabra «cruz» ha sido pronunciada; queda subrayada. La pena de la crucifixión ha azotado con tanta frecuencia a los judíos que uno se sorprende de los titubeos del procurador. Desde el momento en que se rechaza a Jesús, ya no es sino un agitador y un enemigo del imperio. «¿Y entonces qué queréis que haga con el Rey de los judíos?», pregunta Pilato. Lo que ha hecho con tantos otros: «¡Crucifícalo!»[145].

Alcanzado así el cambio de opinión, el ansia de sangre hace sentir su fuerza embriagante; un escalofrío de crueldad se propaga; a las nuevas preguntas que se le dirigen y a las objeciones que se le hacen, la turba, arrebatada y fuera de sí, solo tiene una respuesta cada vez más violenta: «¡Crucifícalo! ¡Crucifícalo!». Termina incluyendo en su reclamación y en su responsabilidad no solo a ella misma, sino a *todo el pueblo* (ὁ λαός), y no solo a la generación presente, también a su descendencia: «¡Su sangre sobre nosotros y sobre nuestros hijos!»[146].

---

[145] Cf. Mc 12-14.

[146] Mt 27, 25.

Este clamor será obedecido, ¡pero qué triste será para aquel que ha querido reunir a este pueblo ingrato «como la gallina a sus polluelos bajo las alas»[147]! Le odian y blasfeman contra Él, que se ha presentado como un mensajero de felicidad. Si algunos lo acusan de haber traído más que sueños, al menos estos eran unos sueños de bondad; responden a ellos evocando los sueños de la muerte.

Este pueblo, que lo ha esperado durante siglos, lo recibe y no sabe reconocerlo. Aquel que debe venir ha venido y vuelve a marcharse con todos sus bienes. Su nación lo rechaza, lo asesina, lo expulsa; incluso reducido al estado de cadáver, no lo desea sino fuera de las murallas. Mientras muere, están ahí burlándose e insultando.

Los que no han venido están allí a lo lejos en las terrazas de las mansiones, agitando los brazos y dando gritos como en los días de alborozo o de cólera y Jesús ve por encima de las murallas cómo su cruz domina a estos infieles a su ternura, a estos enemigos lejanos.

Cuando la procesión cruzó la puerta de Efraín, los que esperaban allí desde el tentador anuncio del pretorio, los que habían oído pronunciar o repetir la fórmula legal «ve, *lictor,* y prepara la cruz», debieron estallar de nuevo en manifestaciones escandalosas. Ya no gritaban sus deseos o exigencias, sino su furia. La cruel alegría de este día embriagaba todas las cabezas; la palabra «cruz» volvía sobre sus labios; y las palabras «sangre» y «muerte» se mezclaban con las de galileo, profeta y Mesías, proferidas entre risas.

Todas las atrocidades latentes en el corazón son expresadas; la escoria de las almas se difunde; y esta delegación anticipada de los judíos, de los opositores y rencorosos de todos los tiempos no ha sido más que un grito de alegría satánica.

Las tinieblas y los otros signos apagarán, en un momento, este delirio; correrá un estremecimiento de temor; los corazones serán oprimidos; los que aclaman la muerte se golpearán el pecho: esta será todavía la turba, con su emotividad y sus pueriles cambios de opinión. Pero nos queda la duda de saber cómo, a pesar de todo, se ha producido la transformación que hemos constatado. No pode-

---

147 Cf. Lc 13, 34.

mos quedarnos satisfechos con las explicaciones demasiado generales; ¿no habrá una que descubra los corazones en profundidad?

Los místicos dicen que los grandes fracasos morales son siempre preparados por causas secretas; caemos cuando llega la ocasión porque somos imperfectos. Aquí, la imperfección consistía en que la masa judía coetánea del evangelio carecía de seriedad nacional, de moralidad profunda y de verdadera religión, únicamente dispuesta para curiosidades místicas y para prácticas supersticiosas.

El éxito de Jesús, antes bien que con una íntima adhesión a él, tenía que ver con el entusiasmo por sus milagros, con la fascinación de su palabra, con la satisfacción socarrona de escuchar los reproches a los jefes y verlos desafiados y con el ímpetu de una imaginación seducida por sus propios sueños.

Este pueblo ha sido deslumbrado, no ganado. Se han visto decepcionados en sus carnales esperanzas, pero no se han adaptado al ideal que las sustituía. Jesús como mesías político, alborotador glorioso, distribuidor de favores tangibles e impactantes, como la abrogación del poder de Roma, la supresión del diezmo y la vuelta de la diáspora, ahí tenemos lo que habría conquistado a las tribus *de dura cerviz*.

Pero el mensaje y la doctrina del Salvador no eran de este tipo; y es por ello por lo que, tan pronto como lo espectacular se retira y quedan sin cumplirse las esperanzas egoístas, la muchedumbre se vuelve en su contra. El favor se convierte en hostilidad; y lo que Jesús no ofrece de ninguna manera parece que hace crecer esta animadversión, y el Mesías parece ser una víctima de este *mesías absurdo*. Jesús se ve coronado de espinas y armado con un cetro irrisorio porque un día renunció a dejarse hacer rey.

No maldigamos en exceso nosotros a esta turba volátil y, al final, tan cruel. Es a ella a la que le debemos las últimas horas de Jesús. Ella ha aclamado su muerte y, tal vez, de no ser por ella, Pilato no habría obedecido a los sanedritas, aunque esto no es seguro. Pero es seguro que, sin el entusiasmo del día de los ramos, sin el favor de las gentes que llevaban al rabino como sobre un trono, Jesús habría sucumbido rápidamente a su tarea.

¡Cuántas veces podría haber sido quebrada su carrera! Las trampas que le tendían se malograban porque el entorno hacía eco a sus palabras y apoyaba sus pasos; su reputación lo guardaba. ¿Podemos creer que las respuestas de Jesús habrían sido tan airosas si solo le acompañara el silencio de las masas? ¿No habrían sido ahogadas en fáciles sofismas? Sobre todo, ¿podemos creer que cuando Él actuaba, por ejemplo, en el momento de este acto inaudito de echar por su cuenta a los vendedores del Templo, se habrían contentado con preguntarle plácidamente que «con qué derecho hacía eso», sin el gentío? No se podía tocar el Templo impunemente, incluso para purificarlo; y mucho menos se tocaba la reputación sacrosanta de la casta dirigente y sus privilegios, sin riesgo de muerte.

Por lo demás, cabe volver a decir que el conjunto de la Pasión no se abandona a la voluntad de la gente, tanto si es benévola como hostil; la turba, no más que los soldados, ni salva ni condena a Jesús a título principal. La acción del hombre pertenece al hombre, y el hombre responde de ella; pero, es Dios quien gobierna mediante el hombre y sus acciones. Lo que sucede en el Calvario obedece a Dios; este desorden es un designio de Dios; este odio es amor de Dios; en el transcurso de los siglos, en los que la Pasión continúa con sus efectos, el combate de los espíritus y el choque de las voluntades no hace sino traducir un orden inmóvil. El eterno porvenir se cumple y, a ojos de Jesús, que lo contempla, o de las generaciones futuras que lo evocan, el tumulto de la plaza de Efraín, como el de los siglos, es un tumulto divino.

*　　　*　　　*

Jesús no ve de ninguna manera desde lo alto de la cruz a Pilato ni a Herodes; solamente ve sus residencias, la fortaleza Antonia con las cinco torres y el palacio de los asmoneos, a doscientos sesenta metros al sudeste del patíbulo.

Jesús siempre ha despreciado al tetrarca incestuoso que mató a Juan el Bautista, le llamaba «ese zorro» y le lanzaba el desafío de poner fin a su obra antes de que Él mismo lo hubiera decidido[148].

---

[148] Cf. Lc 13, 32.

En el momento en que Pilato lo remite a este triste soberano para esquivar un problema difícil, no parece que Herodes le guarde rencor ni que se acuerde de sus propios planes; ¡así de poco serio era él! Está contento de ver a Jesús; incluso «se alegró mucho de ver a Jesús, pues deseaba verlo hacía mucho tiempo, porque había oído muchas cosas sobre él»[149].

No por ello ha dejado de convocar a su guardia; quizá tiene miedo frente a un poder misterioso; quizá quiere procurar también a sus soldados un curioso espectáculo. Siempre está a la espera de «verle hacer algún milagro», quiere un acusado que lo divierta, como el populacho quiere un Mesías glorioso; por esto, él es parte del gentío, lo es aún más por charlatán: lo vemos comenzar a interrogar a Jesús «con mucha locuacidad»[150].

Pero Jesús calla.

¡Oh! Este silencio ¡cómo pesa!; y ¡cómo aplasta al insolente mientras instruye al fiel! Al no tener Herodes ninguna autoridad religiosa, Jesús no tiene que explicarle su misión. La verdad no le beneficiaría de ninguna forma, porque no es sincero; un milagro le corrompería y solo constituiría un abuso de Dios. Jesús se encierra en su mutismo; se resigna con humilde paciencia, pero no se relaciona con él en absoluto.

Ahora bien, Herodes, despreciado de esta forma por segunda vez, lo desprecia a su vez; sin duda, le odia en su interior y el tigre se esconde tras el hombre frívolo; pero disimula. Solamente muestra su desdén, y pensando desprenderse de Él con ingenio, rechaza a este acusado pertrechado con un traje resplandeciente, una ropa de gala como las que llevan los príncipes en su investidura.

El evangelio nos hace saber que Pilato y Herodes mantenían una relación fría en ese entonces; Jesús, como galileo, pertenecía a la jurisdicción de Herodes; pero, al ser arrestado en Judea, dependía de Pilato. El procurador, enviándolo al tetrarca de Galilea, además de deshacerse de un acusado inoportuno, realizaba así un avance. Herodes, halagado, responde a este movimiento con un

---

[149] Lc 23, 8.

[150] *Ibidem*, 9.

gesto de rechazo que es una especie de juicio, pero también una muestra de cortesía; es por lo que, apunta el evangelio, serán amigos a partir de ese día.

Ahora bien, entre amigos, uno bromea gustosamente, y el idumeo sabe a qué atenerse frente a la «realeza» de este pobre lunático. No es más que un juguete, se ríen juntos de Él, sin prejuzgar sobre lo que decidirán de ello una política experta. ¡Que Pilato haga del asunto lo que quiera!

Y aquí tenemos al Salvador del mundo convertido en objeto de puerilidades principescas, mientras que brama contra Él un innoble furor[151].

El papel de Pilato tiene más importancia en los hechos de la Pasión que el del tetrarca; también a los ojos de Jesús debe de ser así. Sin embargo, Jesús ha hablado de ello con indulgencia. Este romano tiene a su vez una participación providencial.

El Salvador le dice: «No tendrías potestad alguna sobre mí, si no se te hubiera dado de lo alto»[152]. Sobre esto reflexiona Pascal: «Jesucristo no quiso que se le diese muerte sin las fórmulas de la justicia porque es mucho más ignominioso morir por justicia que por una sedición injusta»[153].

Ya han tenido lugar dos juicios, pero no pueden concluir con la muerte: hace falta que todo suceda según la ley, para que se diga que Jesús es un culpable y se le trate como tal, como consecuencia del misericordioso remplazo que libera a los hombres.

Eso no impide que, en el plan temporal, cada uno conserve sus responsabilidades y el Salvador no absuelva de ningún modo a Pilato; solo dice que su culpabilidad es menos grande que otra bajo la cual hay margen, puesto que es la de Judas[154].

---

[151] Cf. Lc, *loc. cit.*

[152] Jn 19, 11a.

[153] Pascal, *Pensamientos*. Dampierre (trad.) «El misterio de Jesús», n.º 940 - 790.

[154] Cf. Jn 19, 11b.

Hay que hacer esta justicia a Pilato por el hecho de haber visto con claridad y de inmediato las intenciones de los miembros del Sanedrín. Cuando les pregunta: «¿Qué acusación traéis contra este hombre?»[155], ellos responden con una altivez e ímpetu sospechosos: «Si este no fuera malhechor no te lo habríamos entregado»[156]. Deseaban una confirmación pura y simple de su sentencia.

Ante tal decisión que le quieren imponer, Pilato va a maniobrar para liberar al prisionero; pero su sentido de la justicia no tiene raíces muy fuertes; la violencia y la tenacidad acabarán con él. Este político, que con tanto gusto haría el bien, no es de los que se sacrifican ni de los que se arriesgan; está a favor de la equidad cuando no cuesta nada; consiente a todos los compromisos si su tranquilidad o su credibilidad lo exigen. Y ese es su crimen.

La lectura comparada de los evangelios sugiere bastante bien lo que ocurre. Los sanedritas, obligados a explicarse, lanzan tres acusaciones: Jesús es un perturbador; impide que se pague el tributo; dice que es el Cristo rey. Pilato, como buen jurista y como romano diligente, va directo al hecho; no se queda más que con la última denuncia, de la que dependen las demás.

Interroga a Jesús, y las respuestas que obtiene le convencen de que se trata de una realeza mística, de la que el Estado no tiene nada que temer, con la que un juez político no tiene nada que ver. Declara que a sus ojos el crimen no existe en absoluto. Por lo demás, para afirmar su posición, intenta hacer hablar a Jesús ante los jefes, sus compatriotas, con el fin de confundirles y descubrir qué sentimientos les mueven.

Jesús no dice ninguna palabra, y Pilato se sorprende de ello, pues le está ofreciendo un medio de salvación. Pero Jesús ha aceptado la muerte, no pretende defenderse; su tarea ha acabado y solo espera el último sello. Le repugna discutir de cuestiones judías delante de este extranjero; ya ha dicho lo suficiente para aclarar una conciencia recta y evitarle, si se aferra a ella, una sentencia inicua; considera que eso basta y, de ahora en adelante, se calla.

---

[155] Jn 18, 29b.

[156] Jn 18, 30.

Pilato, entonces, queda admirado. Pocos acusados desprecian la vida de esa manera; ninguno presenta esta actitud de grandeza. Querría salvar a este «justo», como dirá dentro de un rato su centurión, como va a decir él mismo, pero sin levantar las denuncias ni exponerse a las acusaciones ante el emperador.

Se dirige a la muchedumbre. Ha comprendido que ahí se encuentra el fondo de este debate; que la «envidia» de los miembros del Sanedrín tiene como objeto la popularidad de Jesús y la difusión de ideas peligrosas para su posición. Está bien calculado, puesto que a los acusadores les será difícil admitir sus sentimientos y resistirse a la plebe.

Pero entonces, lo que habría que hacer era no hablar a la turba de forma que se pusiera en contra, y esto es lo que hace Pilato con su invencible desdén para con estos canallas judíos. «¿Queréis que os suelte al Rey de los judíos?»[157]; «¿y entonces qué queréis que haga con el Rey de los judíos?»[158]; «¿a vuestro Rey voy a crucificar?»[159]. Todo esto es lo dice con intención totalmente despectiva, y se engaña si cree que la gente no lo iba a comprender. Una llamada a los buenos sentimientos acaso lo habría salvado todo; esa ironía lo va a echar todo a perder.

Los pontífices, ellos, no han estado inactivos; durante los intervalos entre las conversaciones e interrogatorios, mientras Pilato y su mujer discuten sobre un sueño, han tratado de convencer a la masa, han despertado su amor propio, han acusado a Jesús de miles de fechorías y cuando el procurador, insistente, pregunta: «¿Y qué mal ha hecho?»[160], ya nadie razona, el golpe de odio ha tenido lugar y el torrente se precipita.

El remitirlo a Herodes no cambia nada; al contrario, pues es tiempo que se regala a la propagación de la violencia. ¿El ofrecimiento de una pena mitigada? Esas concesiones no hacen sino

---

[157] Mc 15, 9.

[158] *Ibidem*, 12.

[159] Jn 19, 15.

[160] Mc 15, 14.

arruinar las últimas oportunidades, probando que la audacia ha vencido.

Una vez que tuvo lugar la flagelación, que suponía ya el abandono de Jesús, puesto que era, según la ley, un preliminar del último suplicio, Pilato trata por última vez de parlamentar para evitar, si es posible, el crimen supremo. Constata lo que han hecho sus soldados en el cuerpo de guardia, el estado al que han reducido a Jesús; no lo censura de ninguna manera; era, sin duda, algo natural y puede servir. Dice: «Aquí tenéis al hombre»[161]. «Aquí está vuestro Rey»[162]. Pero es demasiado tarde, uno se equivoca al mostrarle la sangre al tigre. La turba se enfurece, grita, apela por ello al César.

Entonces es el fin. Esta palabra, «César», es todopoderosa, es más fuerte que una conciencia como la de Pilato. De aquí en adelante, Jesús lo tiene todo en su contra, salvo la justicia, y esta no tiene suficiente poder sobre un ambicioso, un débil, un aficionado, un negligente para levantarlo contra una coalición que se ha vuelto peligrosa.

Pilato «lo entregó a la voluntad de ellos»[163]; en lugar de ser un árbitro, se hace ejecutor; renuncia a juzgar, siendo él responsable, para servir al crimen de otro, y cree cubrirse mientras recurre a una ablución que adorna con estas palabras: «Soy inocente de esta sangre; vosotros veréis»[164].

Su cobarde maniobra tiene éxito en cierta manera; la turba, en nombre del propio pueblo, toma *sobre sí y sobre sus hijos* la responsabilidad del crimen. Pero, al tomarla, no hace más que compartirla; no puede exonerar de ella al juez sin el que nada sería posible.

En cuanto al lavado de manos, no es sino una estupidez supersticiosa. Los romanos y los judíos, con ciertos matices distintos en su interpretación, hacían este gesto para alejar la venganza de la

---

[161] Jn 19, 5b.

[162] *Ibidem*, 14b.

[163] Lc 23, 25b.

[164] Mt 27, 24b.

sangre. Pilato cree en esta especie de conjuro; la cobardía y la su-
perstición van a menudo de la mano. Por lo demás, su mujer se
quedará así más tranquila; él le da, mientras se aparta de sus con-
sejos por completo, una apariencia de satisfacción. «¿Ves? Yo me
libro, y este pueblo se echa todo sobre sí».

Quizá puede pensarse que, al lavarse las manos, Pilato quiere
comunicar a los judíos su desaprobación e intentar influir en ellos
una última vez, y, en todo caso, limpiar su conciencia. Pero no es
así, no se trata de la conciencia, y el momento de las maniobras ya
ha pasado; Jesús es entregado; Pilato ha consumado el crimen; solo
quiere cubrirse en lo que concierne a las consecuencias.

No tiene nada que temer de los judíos, que tienen lo que piden;
ni tampoco de Roma, pues allá no se preocupan de un judío abandonado a sus agitados compatriotas, sobre todo un judío que se
dice rey, en cualquier sentido en que quiera entenderse el término.
Desde el punto de vista político, tiene todas las garantías; pero
queda el misterio, y también la paz de una casa: con un gesto se
encarga de ello, y todo está bien; Pilato puede, a partir de ahora,
soltar a Barrabás y entregar a Jesús para que sea crucificado.

No insistamos en la fealdad de una conducta semejante ni en la
gravedad de la sentencia que debería pesar, con toda justicia, sobre
el juez del Calvario. Esta sentencia es, de hecho, misericordiosa por
completo; pero la misericordia va dirigida al pecado y este es por sí
mismo tan espantoso que hace falta recordar, para disminuir su
horror, la comparación que introduce el Señor mismo: «El que me
ha entregado a ti tiene mayor pecado»[165].

*   *   *

Antes de llegar a esta suma responsabilidad y de mencionar a Judas, hace falta juzgar el caso de los sanedritas y sus cómplices no
oficiales, saduceos o fariseos.

A estos, Jesús los ve; han venido a alimentarse de sus sufrimientos, a constatar *de visu* el éxito de sus maquinaciones. Su dignidad

---

[165] Jn 19, 11b.

no se ve ofendida en modo alguno por mezclarse con la plebe, con la servidumbre y con la grosera soldadesca para injuriar a un ajusticiado.

¡Adónde no los conducirá la pasión! ¿Es este el lugar de estos personajes que se creen tan brillantes? ¿No temen gastar su poder al revelar su mezquindad? ¿Y en qué se convierte para ellos la seriedad de la muerte?

Un matiz de actitud parece, no obstante, observarse: estos hostigadores no se dirigen directamente a Jesús; intercambian entre ellos las burlas que le destinan.

Pueden prescindir del discurso directo; otros se ensañan en ello, para lo que han cargado la lengua con insolentes palabras. Los «transeúntes», el «pueblo espectador», los «soldados», los «ladrones» no son sino sus representantes. Ellos mismos, los jefes, se mezclan por instantes en el concierto organizado por sus diligencias[166]; pero es, sobre todo, de uno a otro, entre ellos, como descargan su odio.

«Del mismo modo, los príncipes de los sacerdotes se burlaban entre ellos a una con los escribas y decían: "Salvó a otros, y a sí mismo no puede salvarse. Que el Cristo, el Rey de Israel, baje ahora de la cruz, para que veamos y creamos"[167]». Uno diría que se dan ánimos; quieren, cada uno, asegurarse de tener razón y demostrárselo a los demás; se tranquilizan colectivamente.

Quizá haya allí entre ellos alguno que dude, que se lamente. Sabemos que el consejo no ha sido unánime y que José de Arimatea no ha prestado su voz *ni a sus argumentos ni a sus acciones*[168]. A alguno le gustaría una última confirmación... Después de todo, todavía habría tiempo de rectificar. ¡No se ha tomado partido de ninguna manera! ¡Que el Cristo, para quien todo es posible, baje «ahora» de la cruz! Olvidarán que Él se ha dejado clavar allí, reconocerán al fin su poder y su reinado. Que lo vean y creerán.

---

[166] Cf. Lc 23, 35.

[167] Mc 15, 31-32a.

[168] Cf. Lc 23, 51.

¿Hemos reparado en que el discurso de estos sacerdotes encierra una confesión? «Salvó a otros [...]». Evidentemente, esto puede entenderse irónicamente, para decir: «Dice que ha salvado a otros». Pero el contexto y los precedentes sugieren más bien que su conciencia los inquieta a propósito de los «signos» prodigados por el divino Maestro. Han visto milagros y han cerrado los ojos. Cuando les han mostrado a unos enfermos curados, a unos muertos resucitados, han dicho: «¡Que haga una señal en el cielo!»[169]. A medida que los prodigios se multiplicaban, ellos reclamaban otros más y seguían diciendo: «¿Y qué signo haces tú, para que lo veamos y te creamos?»[170].

La mala fe siempre es así, nunca le basta nada. A medida que se la contenta, busca nuevas pretensiones y se defiende contra una inevitable adhesión aplazándola sin cesar hacia el futuro.

Los sanedritas anticipan la lección. ¡Ved a este Mesías! Cuatro clavos son más fuertes que Él y ¿quería que nos bastaran unos presuntos milagros a los que tan fácil sería ponerles su auténtico sello, si fuera Él el verdadero Mesías? «¡Eh! [vah, οὐά], Tú que destruyes el Templo y lo edificas en tres días, sálvate a ti mismo, bajando de la cruz»[171]; «confió en Dios, que le salve ahora si le quiere de verdad, porque dijo: "Soy Hijo de Dios"[172]»; «que se salve a sí mismo, si él es el Cristo de Dios, el elegido»[173]; «¿no eres tú el Cristo? Sálvate a ti mismo y a nosotros»[174].

Este último grito partía de una de las cruces y se mezclaba con los que ascendían de la turba o se murmuraban en el grupo de los pontífices; pero el origen era idéntico; se trataba de una consigna que uno recalcaba moviendo la cabeza, signo entre los judíos de

---

[169] Cf. Mt 16, 1.

[170] Jn 6, 30a.

[171] Mc 15, 29b-30.

[172] Mt 27, 43.

[173] Lc 23, 35b.

[174] *Ibidem*, 39b.

sarcasmo y de cruel alegría. Porque ahí están ambas cosas: el orgullo se burla; el odio insulta y se deleita.

Jesús, que se ha negado a protestar cuando aún había esperanzas de salvarse, no va a replicar desde la cruz. Conoce el propósito de esas imprecaciones; le han sido dirigidas, al inicio de su misión, por aquel para quien los judíos no son sino sus satélites. Satanás le dijo: «Si eres Hijo de Dios, arrójate abajo»[175]. Pero ¿de qué habría servido este milagro? ¿Y de qué serviría ahora que Jesús se salvara a sí mismo, si de esa manera se mostraría incapaz de salvarnos?

Hará un milagro más grande; pues ¿qué es más difícil, bajar de la cruz o salir del sepulcro? Hace mucho tiempo que Jesús remite a esta «señal de Jonás», tan impactante a ojos del porvenir que los apóstoles creerán tener una misión suficiente siendo testigos de ello.

Es instructivo buscar, como hace poco quería Pilato, los motivos que han acarreado, entre Jesús y los jefes de su nación, el conflicto al que la cruz da fin. Hemos mencionado las razones de la muchedumbre: los jefes tienen su parte en ellas, aunque sus informaciones más seguras y su cultivado espíritu los defienden de los errores del vulgo; pero ellos tienen otras motivaciones, y ¡cuánto más potentes!

Para juzgarlas con precisión, es necesario saber lo que son estas gentes.

Los jefes propiamente dichos son quienes componen el sanedrín, a la vez tribunal, parlamento y concilio. La asamblea está formada por tres órdenes: los jefes de los sacerdotes, los escribas y los ancianos. El primero está compuesto por el sumo sacerdote en ejercicio, los antiguos sumos sacerdotes, sus parientes cercanos y los jefes de las grandes familias sacerdotales. El segundo orden, los escribas, son sobre todo sabios. En cuanto al tercero, los ancianos, son sacerdotes o laicos influyentes que no forman parte de ninguno de los dos primeros órdenes.

---

[175] Mt 4, 6a.

El sanedrín recluta a sus miembros en distintas proporciones de las dos sectas religiosas que se reparten Israel: la de los saduceos y la de los fariseos.

Estos últimos son los *separados*, los *puros*, los celosos defensores de la ley, exégetas y casuistas sutiles, severos por dentro, desconfiados por fuera y grandes enemigos de la dominación romana. Esperan al Mesías y son espiritualistas: creen en los ángeles, en el alma y en la inmortalidad.

Por el contrario, los saduceos, gente rica y poco numerosa, son bastante escépticos, materialistas y hedonistas. Representan una aristocracia arrogante; admiten la ley, pero rechazan los comentarios y todas las tradiciones farisaicas; el Mesías no les importa; se las arreglan con la dominación romana y opinan que hay que vivir en paz con los extranjeros. Son amigos de Herodes y del César. El pueblo los envidia, a pesar de que tiene debilidad por los fariseos, cuya piedad aparente y sus creencias más elevadas les infunden respeto.

El rico Epulón de la parábola parece ser uno de estos saduceos, que, después de una vida de gozo egoísta, se despierta súbitamente en esa otra vida que ponía en duda y para la que no estaba preparado.

Hay muchos fariseos principales en el sanedrín, pero no en todos los órdenes. Los sumos sacerdotes son, por lo general, saduceos; en cambio, los escribas son casi todos fariseos; en los ancianos se da una mezcla, aunque predomina la influencia farisaica.

Ahora bien, aunque todo este mundo se encuentra fuertemente dividido, sabe unirse cuando el interés común, o una situación que levante las pasiones, lo pide: y es el caso en lo tocante a Jesús.

Los jefes saduceos se alzan contra Jesús, principalmente por razones políticas; Él altera su poder y se arriesga, dicen, a poner en peligro a la nación. Este es el argumento de Caifás: «Vosotros no sabéis nada, ni os dais cuenta de que os conviene que un solo hombre muera por el pueblo y no que perezca toda la nación»[176]. Las disputas doctrinales les interesan poco, se involucran en estas cuestiones por interés y, sobre todo, se sirven de ellas.

---

[176] Jn 11, 49b y s.

Los fariseos hacen descansar sobre este último punto lo esencial de su oposición; atacan a Jesús en nombre del mosaísmo, comprometido a su entender por una predicación innovadora. Ellos son puristas y Jesús corrompe al pueblo; tienen una tradición a la que se adhieren con más fuerza que a la ley misma: Jesús no lo tiene en cuenta, oponiendo una verdadera moralidad.

Jesús descuida las abluciones; frecuenta a los publicanos y pecadores; ni Él ni sus discípulos ayunan; no observan en ningún modo el Sabbath, puesto que ese día los doce rozan las espigas con sus manos mientras atraviesan las cosechas y Jesús cura a los paralíticos. Es un hombre de Satanás, un secuaz de Belcebú, el dios de Ecrón.

Durante todo el curso de su vida pública, Jesús se ha encontrado a estos fariseos delante de Él. Los menos rencorosos no le perdonaban el aportar a su envejecido mundo unas palabras jóvenes y eternas; la mayoría se estremecía y lo perseguía por todas las regiones. Los saduceos lo acechaban, sobre todo, desde lejos, pero, aquí y allá, también se les ve aparecer.

Ciertamente, Jesús no los trataba con ningún tipo de miramiento. No se había preocupado de adaptar su doctrina a sus concepciones; las nuevas prácticas descuidaban sus preceptos; la oposición que marcaba entre la antigua y la nueva ley no podía más que ofenderlos, y la corrección: «No he venido a abolirlos sino a darles su plenitud»[177] no les ofrecía ninguna satisfacción.

Él aseguraba absolver los pecados; se presentaba como maestro del Sabbath; se dejaba llamar Mesías, Hijo de David, Hijo de Dios y otras «blasfemias». Pero, sobre todo, sobre todo, había tomado en numerosas circunstancias una ofensiva tan vigorosa contra los jefes del pueblo, los había abrumado con tales desprecios e invectivas que uno podía esperarse terribles reacciones.

«Estad alerta y guardaos de la levadura de los fariseos y saduceos»[178], decía, «que es la hipocresía»[179]. Desconcertaba a estos or-

---

[177] Mt 5, 17b.

[178] Mt 16, 6.

[179] Lc 12, 1.

gullosos tratándolos como falsos puritanos a los que las cortesanas
precederían en el Reino; oponía a su oración ostentosa la del buen
publicano que sale justificado de ella, mientras que ellos son mal-
decidos. Se burlaba de su aspecto de ayunadores profesionales, de
sus vestimentas largas y con vuelo, de sus flecos y sus filacterias. El
decálogo bailaba en pequeños rollos ante sus ojos, pero no se re-
gían por él en absoluto; su religión no era más que un medio para
lucrarse, una ocasión para «reclamar los primeros puestos», su
amor a la ley era un formalismo bobo, amigo de la letra y enemigo
del espíritu, que sacrificaba a vanas tradiciones los divinos preceptos. Sacaban dinero del Reino de los cielos; se hacían los taquilleros
y los traficantes avaros, y ellos no entraban allí. «Ciegos, guías de
ciegos»[180], ¿no irían a lanzar a la fosa a toda la caravana?

El paroxismo de este combate y el desenlace de la crisis que, durante tres años, ha conocido diversas fases, tiene lugar dos o tres
días antes de la Pasión. En ese momento se lanza, en el propio
Templo, la acusación contra los que dicen ser sus guardianes: «¡Ay
de vosotros, escribas y fariseos hipócritas, que limpiáis por fuera la
copa y el plato, mientras por dentro quedan llenos de rapiña y de
inmundicia!»[181]; «¡Ay de vosotros, escribas y fariseos hipócritas,
que os parecéis a sepulcros blanqueados, que por fuera aparecen
hermosos, pero por dentro están llenos de huesos de muertos y de
toda podredumbre!»[182]; «¡Serpientes, raza de víboras! ¿Cómo po-
dréis escapar de la condenación del infierno?»[183].

Sigue pronunciando anatemas como una especie de desafío
cuyo alcance no puede escapar a nadie. Jesús evocaba, después de
sus propios enemigos, a todos los asesinos de profetas: «Así pues,
atestiguáis contra vosotros mismos que sois hijos de los que mata-
ron a los profetas. Y vosotros, colmad la medida de vuestros pa-
dres [...] para que caiga sobre vosotros toda la sangre inocente que

---

[180] Mt 15, 14.

[181] Mt 23, 25.

[182] *Ibidem*, 27.

[183] *Ibidem*, 33.

ha sido derramada sobre la tierra, desde la sangre del justo Abel hasta la sangre de Zacarías, hijo de Baraquías, al que matasteis entre el Templo y el altar»[184].

Adivinamos que un lenguaje así era, para su autor, equivalente a una condena. Desde ese momento, y tal vez ya desde antes, la oposición de los jefes de Israel toma carácter oficial; se organiza una acción jurídica; esta es la razón por la que, en el evangelio, ya no se designará a fariseos y saduceos más que con el nombre de sus representantes sanedritas: los jefes de los sacerdotes para los saduceos, los escribas para los fariseos, y los ancianos, que comprenden a unos y a otros.

La opinión de los primeros debía pesar más ante el poder romano, puesto que esta aristocracia complaciente era favorable a Roma y puesto que detentaba el poder religioso, aunque se veían obligados a hacerlo teniendo en cuenta a los fariseos, a causa del pueblo. Por tanto, los pontífices tienen ventaja en el tribunal de Pilato, y su odio es el más feroz de todos, porque es el más sacrílego y el más violentamente egoísta.

Les posee tal rabia que nada les parece suficiente para castigar al enemigo que finalmente yace en tierra. Estas almas de fango y hiel, estas víboras cenagosas, son también seres sanguinarios. Sus caras maquilladas y embadurnadas esconden pasiones odiosas. Hace tres años que están luchando: es preciso que su victoria se señale con un suplicio sin nombre.

¿Sabemos lo que piden y lo que sugieren que reclame la multitud, aparte de a Barrabás, como un segundo regalo de fiestas?

Es de temer que, en nuestro espíritu, esta imagen esté un poco atenuada y que el hábito de los elegantes crucifijos, del marfil y de la plata de los retablos, del bronce, de la madera trabajada y de los pequeños colgantes haya disminuido en nosotros la sensación de lo que contenía este furioso grito: «¡Crucifícalo!».

El suplicio de la cruz pasaba, entre los romanos, por la más cruel y la más infame de las sanciones penales; se la reservaba a los esclavos, a los que tenían por inferiores al resto de la humanidad.

---

[184] Mt 23, 31-32.35.

Entre los judíos, cuya ley la ignoraba, uno le tenía tanto terror a este tormento extranjero que la abominación recaía sobre toda la familia, que pasaba a ser una *casa de crucificado*.

El despojo de las vestiduras se añadía a la vergüenza. Cuando se trata de Jesús, uno se ruboriza. Aquel que se cubrió de «vestidos blancos como la luz»[185] quiere despojarse de todo, salvo, tal vez, tras un momento de completa confusión, del paño que unas respetuosas manos le prestan. La ley no parece oponerse a esta atenuación; la costumbre judía lo permitía, y María estaba allí, con las santas mujeres.

Pero ¿qué necesidad de humillar aún más a Jesús flanqueando el patíbulo, que uno supone glorioso, con cruces criminales? Han preferido a Barrabás antes que a Él; lo han puesto al nivel de dos ladrones. ¿Por qué dos? Uno puede preguntarse si, pareciendo atenuada la vergüenza de su proximidad, no se busca compensar con el número. ¡A menos que los verdugos actúen así por propia iniciativa para ganar tiempo! Entonces, el sentimiento y los actores se cambian, pero el ultraje subsiste.

En lo tocante al dolor, la cruz era una satánica invención; la muerte a fuego lento era menos espantosa. Clavaban al condenado sobre la madera; que se juzgue el efecto de unos clavos cuadrangulares, de diez a doce centímetros de largo, que penetran en una región inervada y rica en vasos, como las manos y los pies. El nervio mediano de las manos era especialmente dañado y el dolor se irradiaba a todo el miembro.

Los pies clavados en plano y, por ello, subidos por medio de una flexión de las rodillas, causaban una molestia y unos calambres terribles; las rodillas apuntaban al vacío y se exigía un trabajo muscular agotador de todo el cuerpo. Si había una pieza de apoyo (la *antenna*), era un alivio a este respecto, pero también suponía un dolor local.

La inmovilidad provocaba unas contracturas y una congestión que iban en aumento. De forma inevitable, la víctima intentaba aliviarse sobre las manos, sobre los pies; probaba pequeños despla-

---

[185] Cf. Mt 17, 2.

zamientos y no lograba atenuar la molestia sino a costa de nuevas torturas.

El agotamiento llegaba pronto y no tenía remedio. El paciente no se desvanecía; esta astucia de la naturaleza –escapar del dolor a través de la inconsciencia– quedaba descartada a causa de las continuas e interminables punzadas.

El pecho se hallaba horriblemente convulso. La postura de los brazos y la tracción de los músculos intercostales hacían que la respiración se volviera jadeante; el que pendía se asfixiaba; su corazón trabajado en exceso palpitaba con precipitación y débilmente: de ahí, una imperfecta regeneración de la sangre, un exceso de ácido carbónico, una acumulación de desechos; de ahí, ulteriormente, la excitación tetánica de las fibras musculares, la congestión del cerebro, el «círculo de hierro», corona interior, si podemos decir así, para completar a la otra.

Los músculos del cuello trabajaban desesperadamente; la cabeza, echada hacia atrás por la corona de espinas, se movía hacia delante, en efecto, en falso, y las espinas la torturaban no solo por su punta, sino también por su dimensión. De ahí, nuevos calambres, congestión incrementada y efectos tetánicos.

No nos olvidemos de la sed, el suplicio por excelencia de los heridos. Jesús no ha bebido nada desde su prendimiento; nada, digamos, desde el cenáculo. Ha estado constantemente enfebrecido; ha sudado sangre; ha estado encadenado; lo han maltratado en casa de Caifás; flagelado en casa de Pilato; ha llevado la cruz en las condiciones que sabemos; ha rechazado la bebida calmante, y la estación tormentosa en Jerusalén aumenta mucho el ardor de la sed.

Ahora, el jadeo que le fuerza a abrir la boca va a resecar, hasta los pulmones, las mucosas irritadas. Las venas se vacían cada vez más, si no de sangre, al menos del líquido que verdaderamente nutre y refresca.

La hemorragia, pensamos, no era muy abundante; las llagas de los clavos se obstruían pronto con coágulos; pero el ajusticiado no ganaba nada con ello; la sangre retenida no podía regenerarse y otra especie de hemorragia aparecía, una que los antiguos ciruja-

nos conocían como «hemorragia de dolores». A través de un agotamiento nervioso comparable a un derrame sanguíneo, el final,
lentamente, con un método sabio y un arte torturador, se hacía con
la extenuada víctima.

Se entiende que la cruz haya sido llamada un «lecho de espan-
to» y que su contemplación, cuando Jesús figura en ella, haya
arrancado a los místicos gritos desgarradores. El amor es ingenioso
a la hora de reconstruir esa escena y, perdido en lo que ama, padece los espasmos de la cruz con una fidelidad punzante.

Es un místico, seguramente, el que introdujo en el himno *Vexilla
Regis* estas súplicas a la cruz en las que se intuye de forma tan clara
lo esencial de la tortura: «*Flecte ramos, arbor alta, tensa laxa viscera...*
¡Dobla tus ramas, potente árbol, relaja esta tensa carne, estas sufrientes entrañas; que tu rigor natural se suavice y que los miembros del Rey supremo se extiendan sobre tus ramas con más dulzura!».

Esta declaración de ternura se une al lamento del crucificado
interpretado por el profeta: «Me derramo como el agua, se dislocan
todos mis huesos. Me rodea una jauría de perros, me asedia una
banda de malvados. Han taladrado mis manos y mis pies. Puedo
contar todos mis huesos»[186].

Pero los pontífices de Jerusalén tienen almas de hienas; no ce-
den. Son de esos orientales fanáticos que lamen el sable con el que
han matado al enemigo; «su lengua, espada afilada»[187], dice el
salmo. San Agustín añadirá: «sus manos están inermes, pero su
boca no lo está; es una especie de espada que mata a Cristo».

De hecho, es una venganza; Él mismo les ha golpeado sin piedad, los ha flagelado con este amor *fuerte como la muerte* que nos
prohíbe tocar a estas almas. No ha querido ser como ellos, y ellos
lo han matado. Creen salvar así sus privilegios, pero la última palabra no ha sido pronunciada; quien es la vida está trabajando y su
muerte les dará muerte.

---

[186] Sal 22, 15a.17.18a.

[187] Sal 57, 5b.

¿Hay que pensar que su persistencia los excluye del beneficio celeste de las palabras: «Padre, perdónales, porque no saben lo que hacen»[188]? No. Jesús no excluye a nadie. Tampoco ellos, en cierta manera, saben lo que hacen. Ignoran la extensión de su crimen. Por mucho que les interpele su deshonrada conciencia, no son capaces de entenderlo en todo su extensión.

¿Acaso podemos pensar que ellos ven a Jesús, a este Jesús que vive en medio de ellos y les ofende, de la misma forma que lo vemos nosotros después de veinte siglos de vida misteriosa, de gloria y de amor? Es más difícil creer en Jesús cuando avanza por tierras de Judea que cuando revela un reino sobrenatural.

Los fariseos ven sus milagros y no ven su poder; el Dios se oculta bajo el ser de carne. Son de mala fe, pero es verdad que, para creer, habrían necesitado más fe. De carne como nosotros, no tienen nuestras ayudas. En su lugar, tienen convencionalismos inmediatos, prejuicios, influencias mutuas: ¡quién puede entender hasta qué grado su conciencia es víctima de un engaño, hasta qué grado es abiertamente criminal!

Jesús es un revolucionario, no lo podemos negar. Su santa revolución debe ser aceptada; pero a algunos les cuesta mucho a causa de los prejuicios destrozados y de la reacción ante los propios intereses que caen a tierra, que casi tienen un aire de excusa. Jesús, que sabe lo que está en «el interior de cada hombre»[189] y pesa todo en una balanza exacta, no pierde la esperanza de encontrar, incluso en ellos, algo con lo que ablandar un poco a su Padre y sobre lo que fundar su propio perdón.

*   *   *

Detrás de la turba bulliciosa, estruendosa, cruel o cobarde, tenemos el misterio de iniquidad sombrío y cauteloso, tenemos a Judas. Judas, «uno de los doce», como recalcan los evangelistas; Judas, el

---

[188] Lc 23, 34.

[189] Jn 2, 25b.

hombre de Keriot, del que san Juan Crisóstomo escribe: «se nos da el nombre de su patria, a pesar de que querríamos ignorarlo a él mismo».

Keriot es una localidad de Judea; Judas no es galileo como los demás. Ha sido llamado, no obstante, en las mismas condiciones, incorporado y afiliado al pie de la montaña, después de la oración.

Jesús, aun sabiéndolo todo, no lo ha excluido. Cuando el hombre se ofrece, Dios lo recibe; Dios no dice: «No perseverarás de ninguna forma, es inútil que te acoja». La libertad que nos compromete, compromete también a una Providencia respetuosa y paciente; la libertad es un misterio que parece atar a Dios; digamos que, bajo este gobierno, el alma es tan independiente como si estuviese sola por completo, tan dependiente, no obstante, como cualquiera bajo la mirada de su Creador.

Judas tiene en el grupo apostólico una posición bastante definida; está a cargo de los gastos; guarda en depósito lo que se ofrece para los pobres y para las necesidades diarias. Este tesorero del pequeño grupo recibe, pues, de su Maestro y de todos, una marca de confianza particular. Sin embargo, es un ladrón. San Juan lo califica así sin rodeos, y tal vez se encuentre en ello, por poco que lo interpretemos, una revelación.

Un ladrón que se une a Jesús no puede ser un ladrón cualquiera; seguramente, es otra cosa más que ladrón; su vicio es hijo de otro vicio y su avidez debe tener un objeto del que el dinero es el símbolo más que la sustancia.

Jesús hace caso omiso del dinero; no permite acumularlo, por lo que hay poco que robar cerca de Él. Pero este fundador del reino de Israel, ¿no traería con él otros bienes? El dinero vendrá sin duda por añadidura: siempre llega con la grandeza y es seguro que se ganará mucho siendo de los suyos en el momento en el que destelle su gloria.

Judas es un ambicioso. No ha tenido la lealtad de decir, como el hijo de Zebedeo por boca de su madre: «¡Quiero un buen puesto en el reino!»[190]. Estos son niños; él, Judas, es un calculador. Se desliza

---

[190] Cf. Mt 20, 20-23.

de un rango a otro; se gana la confianza de todos; practicará la adulación tanto como haga falta; no se señala en absoluto. Durante el tiempo que pasa con Jesús, se van desarrollando los acontecimientos y es claro que el Mesías va a imponerse; ya se verá en qué momento y bajo qué forma deberá declararse.

Ha creído en Jesús, ¡este hombre! Es decir, ha olido el poder y ha entrevisto un futuro magnífico. Se ha desvivido para obtener beneficios, ha comprometido su apuesta a la aventura mesiánica, a la que atribuye, como la mayoría de sus compatriotas, un propósito enteramente material.

Los demás discípulos alimentan muchas ilusiones del mismo género, y también ellos tienen sus ambiciones, pero aman; su apego es, ante todo, generoso, y cuando sea necesario será desinteresado. Judas no ama en absoluto; este corazón seco se revela en casa de Simón el fariseo cuando, frente a una escena como pocas en la historia de los hombres, no dice más que: «¿A qué viene este despilfarro?»[191].

Un hombre que tiene este lenguaje está juzgado; se encuentra, por ello, fuera de la humanidad vulgar, y aún con más razón, fuera de un mundo superior. ¿Qué hace entonces en un grupo en el que la vida y los propósitos superiores son su razón de ser? No puede sino traicionarlo.

Judas está entre los doce, pero no es de ellos; sigue a la tropa, no a sus sentimientos y, menos aún, a los de su Jefe. Su cuerpo está ahí, pero no su alma. Este «ladrón» quiere robar el reino de Dios y hacer de él un objeto de lucro, aguardando va consiguiendo sus pequeñas ganancias y espera con paciencia.

Pero la paciencia de tales hombres tiene un rápido final. Judas no tarda en comprobar que los asuntos de la comunidad van por mal camino; cada vez se adentran más en un sendero que no es el suyo. Aquí tenemos a un creyente al que el *Sermón de la montaña* le debió decepcionar bastante. Los constantes anuncios de desgracias lo han desgarrado, sin duda, y podemos oír como le murmura su corazón: «¡Me han engañado! Me he extraviado en una empresa

---

[191] Mt 26, 8b.

absurda. Me prometieron un futuro y he de confesarme ahora que he firmado mi ruina. ¡Perezca el que solo habla de perecer y perezca con Él esta choza a la que llaman reino!».

Hemos hablado del papel que debió jugar la decepción por parte de la turba judía en el viraje y en la crueldad de su comportamiento: la traición de Judas muestra una misma raíz que crece hasta llegar al máximo. Decepcionado, Judas se amarga; no amando en modo alguno, se irrita; la atadura que está obligado a imponerse lo deteriora sordamente; cada día se cierra más. No pudiendo liberarse sin repudiarse a sí mismo, sin vergüenza, sin peligro tal vez, odia.

Y eso responde a una pregunta que nos viene a la mente cuando tratamos de comprender a tal monstruo: «Si Judas ha dejado de estar moralmente con los doce y con Jesús, ¿por qué no se retira sin hacer ruido?». M. Loisy responde lo siguiente: «Esta opción es una que Judas no seguiría casi nunca. El ser moralmente inferior que se encuentra ante una situación demasiado difícil para él no se contenta generalmente con desentenderse; trata de salir de ella mediante una acción mezquina y violenta».

Está bien dicho. Judas no puede alejarse sin crisis; está demasiado implicado en el interior, demasiado comprometido por fuera. ¿Qué sería de él, llamado a pesar suyo discípulo y que no tiene ya las garantías del discípulo, enemigo al mismo tiempo del nuevo Israel y del antiguo, de Jesús y de sus acusadores?

La salvación tal como él la entiende no puede aparecer a sus ojos más que en una dirección y, mirando hacia ella, uno discierne la terrible tentación que debe asaltar a esta alma. Cuando dos tropas enemigas están en presencia la una de la otra y luchan como en campo cerrado, ¿qué hace un soldado que pretende desertar? Pasa al enemigo; ninguna otra escapatoria se le ofrece. Tras cometer la traición, es cuidadoso en la medida en que sospecha de las desconfianzas; recupera su reputación yendo hasta el extremo.

Judas no sigue otro método. Los príncipes de los sacerdotes están decididos a destruir a Jesús; Judas lo sabe, puesto que Jesús lo sabe, y, por lo demás, el hecho es bastante visible; solo se acecha a la ocasión. Ahora bien, estos vigilantes del otro lado del puente, ¿qué son para el hombre que acecha también en esta orilla, sino secretos cómplices?

¿Y si iba a su encuentro? Pegándose al flanco y destruyendo por su traición el efímero Reino, se librará de su difícil posición; habrá alcanzado tierra firme.

Los treinta denarios tienen su importancia, es cierto, y podríamos pensar que lo explican todo; pero, si reflexionamos sobre ello, vemos que no es nada verosímil. Treinta denarios, eso no es nada; es el precio de un esclavo; es más o menos lo que podía costar el perfume de Magdalena y Judas recupera así este dinero «perdido»; pero ¿esa cantidad merece una acción de tal consecuencia?

Desestimemos toda consideración sentimental, quedémonos otra vez solo con la osadía necesaria, la búsqueda de los medios, los riesgos. Puede que haya golpes de espada; los habrá; un hombre que ha aguardado tanto tiempo, ¿se arriesga y se pone en marcha por una suma semejante? No, los denarios son aquí algo accesorio, es la villanía la que nos hace horrorizarnos.

En ciertas personas, la traición puede aún ser orgullosa; cuida su decorado. Pero aquí se da rienda suelta a todo tipo de vilezas ordinarias. Con su traición, Judas se nos muestra también cómo era durante su periodo de infidelidad latente: avaro, codicioso, y todo ello de forma grosera, mezquina, según su carácter. Aceptando los treinta denarios, uno diría que se prepara un primer dinero de bolsillo para el tiempo de su libertad.

En el cenáculo, en el momento en que Jesús da al traidor el pan mojado y se refiere a él de esta forma con misterio, Juan hace esta observación: «Entonces, tras el bocado, entró en él Satanás»[192]. Entró allí, dice san Juan Crisóstomo, como en un espacio abierto; entró allí, dice san Beda el Venerable, por segunda vez, remontándose la primera al momento en que se decidía su crimen. En ese día de la traición consentida, Satanás había entrado en Judas como en una casa extraña, entra en ella ahora como por la suya.

¿No podría decirse que estaba instalado allí desde hacía tiempo? Lo podemos pensar así, si uno se remite a lo que dijo Jesús hacía ya un año, después de la multiplicación de los panes, en el

---

[192] Jn 13, 27.

momento de las explicaciones sobre el pan de vida y la naturaleza del divino mensaje. Judas, que, el trece de nisán, se levanta de la mesa en mitad de las efusiones eucarísticas para consumar su crimen, ha manifestado ya, durante la eucaristía misma, su perfidia.

Ha sido de los que decían: «Es dura esta enseñanza, ¿quién puede escucharla?»[193]. Sobre lo que Juan ha observado: «[...] En efecto, Jesús sabía desde el principio quiénes eran los que no creían y quién era el que le iba a entregar»[194]. Y también: «¿No os he elegido yo a los doce? Sin embargo, uno de vosotros es un diablo»[195].

Aquí tenemos entonces que Jesús, al menos desde hace un año, arrastra consigo a un hombre al que ha desenmascarado así. Lo trata como a los demás, lo llama a él también un *amigo;* hace brillar sobre él, al igual que sobre todos, su alma de luz; le concede todos los derechos y todos los beneficios de su intimidad.

No vemos que Jesús haya rechazado sus servicios ni siquiera en lo espiritual, ni que lo excluyera cuando, en el tiempo de su entusiasmo, los enviaba de dos en dos, encargándoles el preparar su misión, confiando en ellos para proclamar *los secretos del Reino,* según la capacidad de cada uno. Ayer por la noche le ha lavado los pies; esta humildad solemne, ¿no sabría conquistarlo? Lo trata en todo caso con una conmovedora dulzura. Podemos soñar con este anuncio del profeta: «No quebrará la caña cascada, ni apagará el pabilo vacilante [...]»[196].

La conducta de Jesús hacia Judas no es sino la de Dios para con cada alma, para con cada grupo, para con la humanidad entera: una paciencia asombrosa, hasta que toda esperanza se haya perdido y el hombre haya consumado su propia perdición.

La magnanimidad de Jesús no ha sido pasiva. ¡Cuántas advertencias se han sucedido! La palabra «demonio» lanzada hace un año sin nombrar a nadie invitaba a la reflexión y permitía el regreso. La palabra entristecida de ayer: «Y vosotros estáis limpios, aunque no to-

[193] Jn 6, 60b.

[194] Jn 6, 64.

[195] Jn 6, 70.

[196] Is 42, 3.

dos»[197] era una llamada. «En verdad, en verdad os digo que uno de vosotros me va a entregar»[198], era otra. Una más estaba contenida en estas palabras: «Ciertamente el Hijo del Hombre se va, según está escrito sobre él; pero ¡ay de aquel hombre por quien es entregado el Hijo del Hombre! Más le valdría a ese hombre no haber nacido»[199].

Jesús procede con tanta delicadeza que los Doce, hasta el último momento, se preguntan «quién de ellos sería el que iba a hacer tal cosa»[200]. Cada uno teme por sí mismo y no sospecha que sea ningún otro. Pero de Jesús a Judas, el coloquio no tiene misterio. Si advierte al «amigo» de que su plan ha sido descubierto, ¿no es porque Jesús piensa en sacarlo de ahí si es posible, en llevarlo a confesar y a detestar su felonía todavía curable? «Lo que vas a hacer, hazlo pronto»[201], le dice como última palabra, y él, en vez de caer a los pies del Maestro, se va por la noche.

La consigna: «Al que yo bese, ése es: prendedlo»[202] bien parece haber sido dada a la vuelta del cenáculo. ¡Qué alma tiene entonces este desgraciado, para ir a escoger como seña una marca de amor!

La traición es una lacra propia de la realeza; Jesús la prueba desde hace mucho; la saborea por completo en esta escena nocturna. Su rostro divino contra la innoble boca de Judas es el supremo deleite de su tormento. En otras circunstancias, se calla; aquí quiere comentar y abrir de nuevo su alma. «Amigo, ¡haz lo que has venido a hacer!»[203], y mirándolo seguramente a la cara: «Judas, ¿con un beso entregas al Hijo del Hombre?»[204].

---

[197] Jn 13, 10b.

[198] Jn 13, 21.

[199] Mt 26, 24.

[200] Lc 22, 23b.

[201] Jn 13, 27b.

[202] Mt 26, 48.

[203] Mt 26, 50.

[204] Lc 22, 48.

¡Oh! ¡Que el culpable al que se le exhorta de esta forma reflexione sobre sus actos y piense en quién le implora! ¡Que este corazón por fin se ablande y se derrame, como el de Magdalena, en un torrente de lágrimas! Que el discípulo extraviado recupere su puesto, que sería bajo la cruz que él alza y donde Jesús quiere morir por él, ofreciendo su sangre a quien la habrá derramado. Que vuelva a hacer su elección, siempre es válida; ninguna de las consecuencias de la llamada le será retirada. En la familia que se instituye y con la que el padre se volverá a encontrar después de tres días de pena, este pródigo tiene derecho al ternero cebado, al anillo y al vestido blanco. Que tan solo diga: *Padre mío*, mi Maestro, *he pecado contra el cielo y contra ti.*

Pero Judas está cerrado en sí mismo. Él acaba su cometido. Y finalmente, viendo las consecuencias, midiéndolas con esta claridad de lo real que sucede entre engañosos efluvios, se queda golpeado por el horror delante de su crimen.

Aquí tenemos lo que ha hecho. Ha abusado durante tres años de una confianza plena; ha pagado esta confianza con su felonía; ha adelantado el fin de su Amigo, de su Maestro, ofreciéndole la ocasión a unos enemigos aún temerosos y sin un propósito claro; ha roto el dique que retenía el torrente de los odios, de las iniquidades y de las torturas. Cuando abandonó el cenáculo, su salida fue para Jesús el inicio de la muerte. Tras haber enturbiado las últimas efusiones de amor del Señor, les ha puesto un plazo; tras haber probado el amor en su forma más delicada y generosa, lo ha tomado como símbolo para traicionarlo.

Los autores antiguos lo comparan con Joab llevando una mano al mentón de Amasá para besarlo y, con la otra mano, clavándole una espada en el vientre[205]. Pero él, Judas, no utiliza el hierro; teme la acción directa; pide que prendan a su Maestro y lo lleven bien custodiado[206]. Tal es su perversidad.

Ciertamente, ha realizado de esta forma, en beneficio del universo, un bien inconmensurable; precipitando la Pasión, ha activa-

---

[205] Cf. 2 S 20, 9. El beso, entre los judíos, como hoy en día entre los árabes y los persas, se daba a veces asiendo la barba.

[206] Cf. Mc 14, 44b.

do la salvación; traicionándolo, ha invitado a nuestras fidelidades a la reparación y ha preparado a nuestro amor un tesoro. «Ha sido un buen precio para nosotros –dice un autor–. Judas lo vende, los judíos lo compran, y es sobre nosotros sobre quienes recae el Salvador». «Puesto que se vende a Jesús –pronuncia otro–, comprémoslo con nuestro corazón».

Pero estos efectos no cambian en nada los sentimientos y la responsabilidad del traidor. El acto de Judas sigue siendo lo que es; Jesús lo presenta ante Pilato como el más horrible, siendo el más decisivo y el más sacrílego, y Judas mismo, ahora, está abrumado con eso.

Con Jesús condenado a muerte, el hombre de Keriot parece querer recular y, sin reparar en el sentido moral de la palabra dada, renunciar a sus ventajas. El dinero le quema; su ambición está agotada por el remordimiento; la acusación implícita que ha lanzado contra su Maestro al entregarlo es intolerable. Va al encuentro de los judíos. «He pecado entregando sangre inocente»[207], les dice, y devuelve los treinta denarios, como si por eso debieran desatar a cambio a su víctima. Pero los pontífices se ríen sarcásticamente: «¿A nosotros qué nos importa? Tú verás»[208].

Entonces, rechazado, solo consigo, y no encontrando en sí mismo la condición de un verdadero arrepentimiento, Judas se siente acorralado en una lúgubre desesperación. La tristeza lo inunda como un oleaje; el sentimiento de su soledad lo horroriza; es presa de unas ansias de huir tales que la infinidad del espacio no podría satisfacerlas en absoluto; huye del Templo, huye de la ciudad, huye ya de la existencia, a la que su espíritu ya no se aferra de ningún modo. Con un gesto brusco, ha arrojado sobre las losas las treinta monedas de plata y el campo de Hacéldama, el «campo de sangre», va a inmortalizar su crimen.

¡El desgraciado! ¿Qué esperaba de la treta que ha intentado con miras a curar su alma? ¿Por qué ha venido perturbado a esta gehena donde no velaba ninguna caridad? ¿Es junto a los perversos

---

[207] Mt 27, 4a.

[208] *Ibidem*, 4b.

donde uno se redime? ¿El odio y la ferocidad tienen remedios para los corazones heridos?

Judas se arrepiente, afirma el evangelio; se arrepiente, pero en lugar de acudir a Aquel que puede aceptar su arrepentimiento y darle eficacia, permanece en sí mismo y se vuelve hacia sus cómplices. Quiere separarse de estos monstruos sin acercarse a Jesús; se asquea sin buscar la ayuda de su Maestro; quiere limpiarse fuera de la fuente de vida y, encontrándose rechazado, no ve más que la muerte como refugio.

Ahí está su crimen supremo.

Todo puede ser perdonado junto a Jesús. ¿No lo vemos en el pobre ladrón, que, habiendo comprendido que la Vida estaba cerca de él, se precipita hacia ella con una sencillez tan conmovedora?

Le grita al que blasfema: «¿Ni siquiera tú, que estás en el mismo suplicio, temes a Dios? Nosotros estamos aquí justamente, porque recibimos lo merecido por lo que hemos hecho; pero éste no ha hecho ningún mal»[209]. Y volviéndose hacia el Maestro, añade: «Jesús, acuérdate de mí cuando llegues a tu Reino»[210].

Le habla de manera familiar; se está dirigiendo a un compañero de infortunio. ¿No es un crucificado, Él también? Parece decirle: «¡Oh! Hermano de sangre, ¿no querrías, en favor de mi arrepentimiento, hacer de mí un humilde hermano de gloria...?».

Un impulso tal de confianza emociona al corazón divino. El pobre judío, hablando del esplendor del reino, parece no apuntar más que a la segunda venida del Mesías; pero el perdón de los cielos está lleno de munificencia: «En verdad te digo: hoy estarás conmigo en el Paraíso»[211], le responde Jesús.

¡Ah! ¡Aquí tenemos al Salvador! Esperaba, parece ser, esta llamada *in extremis;* a la primera palabra, tiene preparada la respuesta; no titubea; añade un codicilo a su testamento y lega a este pobre desgraciado su Reino.

---

[209] Lc 23, 40 y s.

[210] *Ibidem,* 42.

[211] *Ibidem,* 43.

Esta es la lección para Judas. Todo, junto a Jesús, puede ser perdonado, todo, excepto el rechazo al perdón. Este rechazo contiene en sí mismo una soberana blasfemia; niega la bondad soberana; supone una desconfianza que es, para el amor, el insulto más cruel y que implica, por su parte, una ausencia total de amor.

Ahí está siempre la última palabra. Judas no ama. No ama, y por ello traiciona; no ama, y por ello, rechazando la traición porque lo horroriza, llega a odiarse a sí mismo sin rectificar nada. El odio de sí no es beneficioso más que asociado al amor de Dios; por sí solo, es homicida; tiene el poder destruirlo todo y no tiene el poder de reparar nada.

Desde entonces, habiendo despreciado el corazón de su Maestro y no encontrando en el suyo ningún apoyo, Judas ha estimado que ya no había sitio para él entre los hombres. Se ha ahorcado esta mañana, azorado, solo, más que solo pues se ha vaciado de sí mismo. Se ha ahorcado el Viernes Santo. Alzado entre el cielo y la tierra, como Jesús, pero de otra manera; él se hace ver extraño tanto a uno como a otro y los separa; Jesús pertenece a uno y otro y los reúne.

Desde lo alto de la cruz, con todo el perdón y el sufrimiento salvífico, Jesús no maldice al prevaricador; no tiene ira, sino que deja «en su morada»[212], según la palabra terrible de los Hechos, a aquel que ha elegido entre esta *morada* y el Calvario. Los otros once están ahí en persona o por representación; están ahí de corazón; Judas no lo está; Jesús no lo ve; Jesús, tristemente, lo abandona. Como en el *Juicio final* de Fra Angelico, donde el Juez sin cólera se aparta de su izquierda dejando caer el brazo, Jesús se desinteresa con majestuosidad y dolor de aquel que ha huido de Él en una eterna huida.

No tiene una mirada para el «hijo de la perdición».

---

[212] Cf. Hch 1, 20.

9. Su sepulcro

Cuando Jesús cruza la puerta de Efraín, lo hace como un mártir al que empujan hacia la arena; el mártir ve las fauces de los leones, Jesús ve su sepulcro, y esta boca voraz le debió recordar el texto de Job: «Mi espíritu se agota, mis días se me escapan, solo me queda el sepulcro»[213].

Aunque, si se mira más allá, se le abre otra perspectiva; con confianza, puede exclamar como su antepasado David: «Porque no abandonarás mi alma en el sheol, ni dejarás a tu fiel ver la corrupción. Me enseñas la senda de la vida [...]»[214].

¿No es un bello símbolo, el que el mausoleo de Jesús estuviera a dos pasos de la cruz? El sufrimiento, la muerte, es la misma cosa: el sufrimiento nos abate a medias; la muerte, por completo. Pero, en Jesús, ambos nos levantan y nuestra ascensión común solo presenta estos tres estadios: la cruz, la tumba, el cielo.

Las tumbas judías se situaban comúnmente en los cercados de recreo; esta región de jardines, en las inmediaciones de la ciudad, contenía muchos de ellos. Aún hoy subsisten varios y es muy fácil imaginar su distribución.

Las cámaras funerarias estaban excavadas en plena roca. Los antiguos israelitas, que construían poco, excavaban mucho. Ganaban espacio y hacían que los edificios duraran más; también sus necrópolis han resistido mas que las ciudades; ¡cuántos sitios anti-

---

[213] Jb 17, 1.

[214] Sal 16, 10 y s.

guos solo tienen por vestigios unos hoyos en la roca y los peldaños que comunican con la boca de las cuevas!

En los tiempos de Jesús, este afán del pico y del cincel era extremo. A ello se unía el tipo de decoración grecorromana que se imponía. En el valle de Josafat, y un poco por todos los alrededores, como en la región de Aboud o en la de Tibneh, se encuentran ejemplos característicos. El visitante equipado con el evangelio encuentra allí elementos que le permiten hacerse una «composición de escena» sorprendente para sus meditaciones.

El aspecto exterior varía entre los que son un simple hoyo, cuadrado o rectangular, y los que son un edículo piramidal completamente despejado, rodeado de una especie de claustro. Entre los dos, toda una gama de molduras, ornamentos, rosetones, arquitrabes, guirnaldas, pilastras simuladas, columnas, etc., que sirven para medir el lujo o el orgullo, la piedad o el gusto de los propietarios.

En casi todos los casos, el monumento ($\mu\nu\tilde{\eta}\mu\alpha$, $\mu\nu\eta\mu\epsilon\tilde{\iota}o\nu$) consta de un vestíbulo abierto, un espacio abovedado precedido de columnas o un patio a cielo abierto. Esta última solución se impone cuando se ha tenido que excavar un túmulo en una pendiente suave, como en el Calvario. El atrio es entonces una zanja nivelada, apta para las estancias meditativas y las reuniones familiares. En la pared del fondo se abre una puerta baja que da a la sala funeraria o a una antecámara a la que se unen una o mas cámaras provistas de arcosolios[215], hoyas[216], banquetas y nichos sepulcrales.

Leyendo el evangelio, y si uno confronta cuidadosamente los detalles del relato con los datos topográficos y arqueológicos, uno puede imaginar con suma precisión lo que era la tumba de José de Arimatea, lo que fue al principio nuestro Santo Sepulcro.

Una zanja daba acceso allí, bastante larga, en razón de la débil pendiente. Esta longitud se acortaba y uno ganaba altura valiéndose de algunos peldaños que conducían desde el umbral a un vestíbulo en la parte baja. Al fondo, una puerta baja daba a una primera

---

[215] Lecho de piedra cubierto por un arco.

[216] Excavación estrecha en la que se introduce el cadáver bajo tierra.

cámara destinada a los ritos fúnebres, al lavado del cadáver, embalsamamiento, oraciones... Más allá, de nuevo por una puerta baja, uno llegaba a la tumba propiamente dicha, excavada a la derecha de un nicho con arco para recibir al muerto.

Si había otros sitios previstos, lo ignoramos. Uno siempre podía dejar espacio para excavar posteriormente, según las necesidades. Esta era la ventaja de este sistema de excavaciones; se podían agrandar de forma indefinida, sin causar ningún desorden, ampliando los dominios de la muerte bajo la montaña.

El suelo del nicho sagrado debía estar ligeramente curvado; a la altura de la cabeza, se colocaba un cojín de piedra; se advierten aquí y allá precauciones de este tipo que muestra una inquieta ternura; el muerto debía estar cómodo, para dormir. Las dos salas estaban más abajo con respecto a las vías de acceso, siempre para ganar altura. La primera debía constar de una banqueta circular y una fosa central, para comodidad del paso y los embalsamamientos.

Queda por conocer el sistema de apertura y cierre, que no puede dar lugar a ninguna duda. Al llegar a la Tumba, las santas mujeres se dicen: «¿Quién nos removerá la piedra de la entrada del sepulcro?»[217]. Se trata, por tanto, de una de estas muelas o discos gruesos que vemos instalados en la Tumba de los Reyes, en la Tumba de los Herodes y en Abu Ghosh, en Naplusa, etc. Estas muelas pesaban a veces más de una tonelada: la de Herodes pesa mil doscientos kilos y sabemos que la piedra del Señor «era muy grande [μέγας σφόδρα]»[218].

Podemos imaginar fácilmente el proceso. Delante de la puerta abierta de par en par, corre una ranura por la que viajará la muela para apartarse y ser llevada a su sitio, según las necesidades. Cuando el sepulcro está cerrado, la muela descansa sobre la pared de la derecha, que está ligeramente hendida para formar una ranura; unas cuñas la retienen. Cuando se quiere abrir, uno quita las cuñas, y la muela, que ha sido empujada a su ranura mediante pa-

---

[217] Mc 16, 3.

[218] Mc 16, 4b.

lancas y subiendo una pendiente ligera, vuelve a bajar por su peso a una zanja practicada a la izquierda. Un pequeño pasillo acodado permite pasar detrás de la muela para izarla de nuevo cuando sea oportuno.

Se comprende que las santas mujeres pensaran que no eran capaces de tal operación, que requería ciertamente a dos hombres. Para quitar las cuñas, hacía falta subir la piedra; y después había que retenerla sobre la pendiente; las mujeres se habrían arriesgado a herirse. Además, no tenían autoridad para actuar solas.

Todos los dispositivos mencionados eran contemporáneos al monumento; el Viernes Santo estaban, por lo tanto, preparados y no es necesario que el ofrecimiento de José de Arimatea fuera premeditado. Bien parece que no hubo nada previsto; san Juan nos dice que actuaron por necesidad, al ser inminente el Sabbath y al estar cerca esta tumba[219].

El honor que le corresponde así a esta persona es bastante conmovedor. José de Arimatea se parece al Cirineo. Este lleva la cruz; aquel, al crucificado, y si uno se encarga de la madera, el otro facilita la piedra, mientras Nicodemo, el doctor del diálogo nocturno[220], compra cien libras de mirra y áloe para cubrir con ellas el hueco sombrío donde se citará por última vez con Jesús.

Los bálsamos apresurados del viernes no constituirán precisamente más que un acto de piedad provisional; se prepararán para un embalsamamiento solemne el día siguiente al descanso sabático. Pero entonces, un ángel se aparecerá, dirá lo que es conveniente y dará a conocer el milagro a las mujeres.

¡Cómo debe penetrar todo esto en el alma del divino Maestro y provocar en Él grandes sentimientos! En la cruz, ya no ve la tumba; pero la siente de un modo que le atrae; experimenta su cercanía; estima sus dimensiones; mide la utilidad que tiene para su obra. La necesita para descansar, como el trabajador dedicado que descansa y aspira a las tareas que le esperan cuando llegue el alba. Ahí debe

---

[219] Cf. Jn 19, 42.

[220] Cf. Jn 3, 1 y ss.

«poner su alma» y enseguida «recuperarla»; ahí pone un instante su carga de amor.

Al decir: «Todo está consumado», Jesús piensa en el sepulcro; comenta tanto los efectos de la cruz como la cruz misma y lo que le ha preparado. Esta fosa va a proporcionar su manifestación más convincente, su «señal», y, si ahí está la prueba, ahí también está su último don.

La sepultura es la conclusión de la Pasión. Es la última persecución de los enemigos de Jesús; es, por parte de Jesús mismo, la última humillación, el último sacrifico. Al ir hasta ahí, entregamos, nosotros, lo que no podemos guardar y caemos en una caída definitiva. Jesús entrega una vida que es dueña de sí misma y no hace sino apropiarse del poder de Dios.

Tiene pensado poner así el sello a su obra y la Sinagoga consentirá a ello por fuerza al sellar su piedra. Esta tumba es la última representación en el evangelio ilustrado, el último símbolo unido a la más alta realidad salvífica. Con la ayuda de esa imagen, la palabra del Hijo del Hombre ya no se olvidará, el alcance eterno del mensaje ya no se discutirá, los discípulos no podrán dormirse más, ni las generaciones ni la historia; al encontrarse sometida la humanidad a una nueva germinación, la vida va a volver a florecer. A partir de ahora, solo habrá un único gran acontecimiento que se desarrolle en el curso de los años: el que termina y, al mismo tiempo, se inaugura en la «gruta sagrada».

*   *   *

Jesús es amo y señor del tiempo; abarca desde la cruz todas sus fases; experimenta este estremecimiento del porvenir que es la conmoción de los profetas; leyendo del libro eterno, su santa predicción puede ver ahí los acontecimientos del mañana.

Muere; su cuerpo está yacente; la mirra y el áloe se evaporan; la piedra redonda se pone en marcha con un ruido sordo; la guardia de las santas mujeres hace silencio; los ángeles velan; los centinelas del sanedrín y sus sellos piensan dominar el cielo; el espíritu escucha el crepitar de la roca a la tercera mañana; el sol de Pascua sale; unos discursos misteriosos se intercambian entre el anunciador y las santas mujeres; la carrera de Pedro y Juan suena en el barrio desierto; una provisión de alegría se amontona en el corazón de los discípulos y seca ahí las lágrimas de la Pasión; el misterio de la vida después de la muerte se inaugura; los dos hombres de Emaús caminan al atardecer; la barca de la última pesca se mece sobre sus amarras; los ángeles de la ascensión miran desde allá arriba y las estrellas se cruzan sobre sus pechos.

Todo esto se prepara en el seno de los dolores, y los siete gritos de angustia desde la cruz no nos impiden escuchar las palabras de institución de la Iglesia, que van a reiterarse de forma solemne; el gesto de dispersión de los doce tiene ya su símbolo en la extensión de los dos brazos ensangrentados.

«Surrexit Christus spes mea! ¡Resucitó de veras mi amor y mi esperanza!»[221]. Este sepulcro, esperanza del mundo, ¿no es especialmente la esperanza de Cristo mientras se encuentra en el Calvario? Pensemos primero en Él, que no puede olvidarse de su humanidad más que nosotros mismos de la nuestra. Está sufriendo; no quiere sufrir de ningún modo; acepta la muerte; pero ¿no es la muerte solo el fin de los dolores, una vez hecha la obra?

«Al atardecer se hospeda el llanto, al amanecer, el júbilo»[222].

El atardecer atraviesa la noche y va a unirse con la aurora.

Nuestros sepulcros son mazmorras hasta el fin de los tiempos; si nuestra alma escapa de ellas, nuestro cuerpo se convierte en polvo y nuestro recuerdo se extingue en ellas. El sepulcro de Cristo es solo un paso; se abre como un túnel subterráneo que acaba en un arco triunfal. Jesús lo utiliza como puerta de la muerte; pero, prontamente, hará de la tumba una puerta de la vida. Ahí, donde nosotros naufragamos por toda la duración del mundo, Él no paga a este ávido tiempo más que un ligero tributo.

Dos días más y esta piedra sepulcral se romperá como el cascarón del pájaro y uno verá la fuerza de las alas. Dos días más y esta

---

[221] *Victimae paschali laudes.*

[222] Sal 30, 6b.

gruta se abrirá como unos labios y la vida escapará de ellos como una risa divina.

Pascal señaló que «Jesucristo no hizo ningún milagro en el sepulcro»[223], sino que el milagro ocurre después; el milagro consiste primero en la resurrección y luego en esta vida inaudita después de la muerte, de la que el Espíritu que Él nos deja es el principio animador, de la que el universo es el escenario.

El estandarte del Rey avanza;
¡Resplandece el misterio de la cruz![224]

¿No es el dominio universal, el *imperio,* lo que ha cargado *sobre sus hombros,* según la palabra profética[225], aquel que se doblaba bajo el peso del madero? La cruz alzada ha tomado el vuelo del águila; se elevará de un extremo al otro de nuestro horizonte; dondequiera que brille, el alma encontrará su patria y Jesús, su reino.

Si es cierto que la «la historia es la ciencia de los hechos que tienen una posteridad», a Jesús se le debe decir Señor de la historia. Enseguida se anuncian los días maravillosos. Después de la Pasión, los *Hechos;* después de la Resurrección, la embriaguez de los grandes testigos y misioneros, la fe de los que obran milagros y la fe de los que consiguen milagros, la sombra de Pedro que sana al enfermo, los cielos que se abren sobre la frente de san Esteban, el rayo benefactor que rompe sobre el camino de Damasco, la conquista que se insinúa, que se expande, que se organiza, las iglesias que se forman y enseguida se comunican, la unidad que se enriquece por su concentración y se fortalece por su riqueza, la sociedad política que se conmociona, que persigue y después cede, el mundo que poco a poco se va ganando, de tal forma que, desde el siglo IV d. C., todo lo que tiene nombre en el mundo civilizado se siente cristiano.

No hay que olvidar que, según toda observación imparcial, cristiano y civilizado son sinónimos hoy en día; la luz avanza a medi-

---

[223] Pascal, *Pensamientos.* Dampierre (trad.) Sección II, serie XXIII, n.° 560 - 552.

[224] Himno latino. *Vexilla Regis prodeunt: Fulget Crucis mysterium.*

[225] Cf. Is 9, 5 y s.

da que avanza el cristianismo, y retrocede cuando se quiere quitar de en medio a Cristo. La historia tiene dos caras: en el Getsemaní, Jesús ha mirado la cara sombría de la historia; en la cruz, una vez que ha dejado atrás el sepulcro, Él ha visto su lado luminoso.

El propio sepulcro se nos muestra como un símbolo impresionante de este doble porvenir y de estas vicisitudes históricas, finalmente gloriosas. ¿En qué se convierte la cripta sagrada durante el transcurso del tiempo?

Al comienzo, allí mismo se establece un culto en la intimidad, como hemos visto que ocurrió en el cenáculo, no se añade ni se modifica nada; el pasado reciente habla tan alto que ningún alma necesita comentarlo.

Cuando sobreviene el desastre del año 70 d. C., tras ser Jerusalén saqueada y destruida, y levantada de nuevo por los romanos bajo un nombre nuevo, Ælia Capitolina, la ciudad deicida no conserva ni siquiera el nombre. Casi podríamos decir que la Providencia le cambia el nombre para arrancársela más explícitamente a los siglos judíos y entregársela a las épocas posteriores.

Durante esos años, todos los lugares religiosos, cristianos o judíos, parecen estar condenados a una pena común. En el lugar del Templo destruido, es Júpiter capitolino quien erige su morada; una arquería orgullosa atraviesa la Vía dolorosa; la plaza, delante de la puerta de Efraín, se convierte en un foro; en el Calvario y en el Santo Sepulcro, Venus y Adonis levantan sus estatuas.

Es decir, Jesús parece envuelto en la maldición de su pueblo; el judaísmo se derrumba por completo; Dios lo reduce, escribe san Jerónimo, a cenizas eternas; la higuera estéril es cortada y echada al fuego; el cercado pedregoso donde solo ha crecido el árbol de la cruz es abandonado a los abrojos; el temblor de tierra del Viernes Santo ha sacudido Jerusalén, Judea y Palestina como el manto del que hablaba el profeta[226], para arrancar a los pecadores; Jesús, hecho «pecado por nosotros»[227], sufre Él mismo la sacudida.

---

[226] Cf. Ne 5, 13.

[227] 2 Co 5, 21.

Pero en poco tiempo, tomando las curvas de la historia, las raíces del Reino de Dios van a hundirse en la tierra romana; al grano de mostaza se le promete un gran árbol; los últimos estertores de las civilizaciones decrépitas no tendrán otro propósito más que servir a Cristo; aparecerá Constantino, y con él, el reinado social de la fe incipiente verá cómo el Santo Sepulcro recupera los comienzos de su apoteosis.

La idea de un templo magnífico que recobrara a la vez el Gólgota y el Santo Sepulcro es una de esas inspiraciones en las que la mística coincide con la grandeza. Se adorará la cruz, se venerará la tumba, y la parte del monumento consagrada al Calvario se llamará el *Martyrium;* pero el *Martyrium* solo será una especie de vestíbulo para llegar a la *Anastasis,* el lugar de la Resurrección.

A través de un contraste verbal sorprendente, el Santo Sepulcro de los tiempos cristianos no será el monumento de la muerte, sino el de la elevación sin recaídas. «Cristo, resucitado de entre los muertos, ya no muere más»[228], su sepulcro lo proclama.

Las formas más consumadas del arte antiguo serán aplicadas a la construcción y decoración del edificio nuevo, como para señalar la culminación de las preparaciones y el inicio de la historia. Ahí se acumularán tesoros desde el inicio, y todavía más en el transcurso de los siglos. Los peregrinos más ilustres colgarán en los enrejados brazaletes, anillos, ornamentos principescos y hasta diademas imperiales.

Tal será la «nueva Jerusalén» de Eusebio, una ciudad en miniatura que, ciertamente, lo contiene todo: el sacrificio universal y sus efectos gloriosos. La «gruta sagrada», la «gruta mística», el «monumento divino» con su lecho de roca será su joya, y ahí vendrán a postrarse con humildad los creyentes de todo el mundo.

«¡Levántate, resplandece, que llega tu luz, y la gloria del Señor amanece sobre ti! Mira que las tinieblas cubren la tierra, y la oscuridad, los pueblos, pero sobre ti amanece el Señor, sobre ti aparece su gloria. Las naciones caminarán a tu luz, los reyes, al resplandor de tu aurora. Alza tus ojos y mira alrededor: todos ellos se congre-

---

[228] Rm 6, 9.

gan, vienen a ti»[229]. ¿Ha dejado esta fulgurante profecía de dominar los acontecimientos, desde el día de la divina sepultura hasta el momento presente?

Sin embargo, después del primer triunfo, después de la epifanía política del año 313 d. C.[230], el día de los reyes que inauguraba el día de los pueblos, una serie de pruebas afectarán tanto la gloria monumental del Sepulcro como su gloria social.

El edificio constantiniano fue incendiado por los persas el cuatro de mayo del 614 d. C.; fue restaurado de inmediato, en la medida de lo posible, por el higúmeno del convento de Santo Teodosio, Modesto, el salvador de las piedras santas. En el siglo IX d. C., se produce un temblor de tierra; en el X d. C., unos incendios y pillajes comprometen su restauración, que es arruinada casi por completo en el 1009 d. C., bajo el califa Al-Hákim.

En ningún momento se dejan desiertas estas ruinas; se van levantando por zonas y se les da uso. En los tiempos de Constantino Monómaco, en el 1048 d. C., se retoman serios trabajos de reconstrucción y, cuando llegan las Cruzadas, hallando el medio para admirar y venerar, constatan, al mismo tiempo, la oportunidad de realizar un esfuerzo diligente.

Construyen frenéticamente; decoran; lo que han hecho por toda Palestina, ¿no lo van a hacer en donde se encuentra para ellos «el centro del universo»? Su obra está parcialmente ante nuestros ojos; ha sufrido numerosas deformaciones y transformaciones; su deterioro actual es grande; pero es la piedad misma la que, en parte, es la causante de esto. Nadie osa tocar las ruinas venerables; las distintas confesiones se cuidan de ello; la hostilidad de unas contra otras no es motivo de agrado para Cristo; pero se torna a su gloria en la medida en que esta disputa secular demuestra un vasto apego: no se lucha así por cualquier tumba.

Como hemos dicho, el destino del monumento es paralelo aquí al del recuerdo y al de la fidelidad. La obra de Dios es inmutable

---

[229] Is 60, 1-4a.

[230] Fecha del Edicto de Milán, por el que Constantino cerraba la era de las persecuciones y abría el futuro social de la Iglesia.

en lo que concierne a Dios; vacila por parte de los hombres. Para acabar, Dios guarda al hombre, y solo hasta cierto punto permite que se aleje de Cristo.

La muerte de Jesús y su sepultura son eficaces por siempre; cuando nuestros corazones las rechazan, Dios espera nuestro arrepentimiento y si, finalmente, somos rebeldes, confía al porvenir la reparación. Como el *Martyrium* y la *Anastasis* jamás estuvieron desiertos, tampoco se extinguió jamás la piedad: la Iglesia está ahí; los santos se vuelven hacia Jerusalén; las almas débiles también se orientan hacia ahí, nunca extranjeras, nunca sin un sobrecogimiento cuando recuerdan, para encontrar ahí una lección permanente, el Santo Sepulcro y su amplio eco.

*   *   *

El efecto de la gran lección que nos da el Señor con su Pasión se reconoce en nosotros, queridísimos y gloriosos para Cristo. Podemos unir así con san Pablo todo el impulso del mundo cristiano y toda la vida de nuestras almas al sepulcro de Cristo.

El aleluya de la Resurrección, dice san Agustín, no es un epílogo, es un comienzo. No está destinado a alegrarnos el momento del descanso, sino a alentarnos a trabajar; hay que cantarlo mientras caminamos.

Desde entonces, la gloria de la gruta santa, del santo sepulcro, no puede dejar de ser algo activo; dentro de nosotros, nos impulsa; fuera de nosotros, nos invita. En los dos casos, nos hace participar de la inmortalidad, que es su principal característica; la inmortalidad definitiva de los cielos, la inmortalidad temporal que nos viene por la gracia, la compañía de Dios, esa ciudadanía del cielo[231] que el Apóstol considera como signo del cristiano.

El sepulcro de Jesús es un paso para nosotros como lo fue para Él mismo. Este paso estaba prefigurado por diversos acontecimientos que eran también un paso en la Sagrada Escritura: el paso del Jordán, para entrar en Jericó; el paso de la miseria de Israel a su

---

[231] Cf. Flp 3, 20.

gloria; y todas las demás travesías reales o simbólicas… Todos estos hechos viven de lo que Jesús realiza en toda la humanidad, ¡el paso más allá del hombre!

La humanidad que se une a Jesús asciende a Dios; lejos de Él, se somete a su propia nada y esto es lo que nos dice el Santo Sepulcro abriendo su brecha milagrosa en el cielo. ¡Oh, cielo cerrado por todos lados, estás abierto por encima de este sepulcro, y por él toda alma accede a ti, todo cuerpo encuentra en ti un lugar!

Mientras yacía embalsamado en el sudario, ¿no iba ya Jesús, en espíritu, a romper las cadenas de la naturaleza pecadora? Su «descenso a los infiernos» liberaba al pasado en lo tocante al futuro, su poder es aún más victorioso. Las puertas eternas se abren ante Él y nosotros no tenemos por qué temer al seguirle, ni por las humillaciones, ni por la muerte.

El salmo había dicho: «Nadie puede redimirse a sí mismo ni pagar a Dios su rescate. Mucho cuesta el rescate del alma, nunca será suficiente para que alguien viva por siempre, sin ver la corrupción»[232]. Lo que no podía hacer nadie más, Jesús lo ha hecho. Muere para que nosotros no muramos; es sepultado para que nosotros resurjamos libres del pecado y de sus fatales consecuencias. La vida entera es un paso; la vida, por sí misma, es un fracaso; pero, más allá, por Cristo, está la santidad, más allá, está la bienaventuranza.

Jesús es el *primogénito* de la nueva creación y «el primogénito de entre los muertos»[233]. Desde el pesebre, el nacimiento humano es más alegre y más puro; la esperanza de un reino sobrehumano se remonta al sepulcro.

¡Oh! Que los cristianos visiten con alegría esta prueba de la *esperanza admirable,* donde el sueño eterno fue una vez sacudido en beneficio de todos los que duermen en este mundo. Los que duermen en la prevaricación y los que duermen en la muerte están llamados a la alegría; el «poder de las tinieblas» ya no tiene más dominio, se ha agotado al llenar de tinieblas este sepulcro durante tres días. El

---

[232] Sal 49, 8-10.

[233] Col 1, 15 y ss.

Espíritu vive; Jesús lo envía, desde la diestra eterna a la que ha ascendido, a quien quiera vivir.

*　　*　　*

Añadamos, para concluir, otra perspectiva al pensar en lo que se le pasa por la cabeza al crucificado cuando tiene ante sí la imagen del sepulcro. Jesús ve con antelación todo lo que va a ocurrir después del Sabbath que se acerca: la vileza persistente de los perseguidores, su intervención ante Pilato para pedir una vigilancia cuidadosa del sepulcro, la mentira y el soborno de los guardas una vez que se ha conocido el milagro...; pero nos gusta suponer que los pensamientos de Jesús se detienen sobre lo que afecta a los suyos y que, sin ignorar su desconcierto inicial, su esperanza abatida y los titubeos de su conducta, les augura, sobre todo, su alegría.

Los suyos creerán haberlo perdido como lo habían perdido María y José en el Templo; y luego, como cuando fue encontrado en el Templo dialogando con los doctores, Él pondrá fin, a través de un maravilloso reencuentro, a su diálogo con la muerte.

En el Calvario, había pocos amigos y, en primer lugar, estaban las mujeres; en el sepulcro, habrá pocos testigos y serán, en primer lugar, mujeres. Son ellas las que dejarán todo dispuesto esta noche, antes de partir, con la intención de volver, las que montarán la guardia silenciosa, las que comprarán las plantas aromáticas y las que vendrán a primera hora, después del Sabbath, a cumplir con el amor de todos.

Encontrarán el vestíbulo abierto, constatarán las presencias celestes; pero al parecerles perdido por segunda vez el gran Ausente, objeto de su pensamiento exclusivo, irán sin aliento a llevar la noticia a los doce. El misterio de los acontecimientos no les será extraño en absoluto, ellas tendrán la sospecha y la esperanza; no obstante, su angustia no se disipará de ningún modo antes de que, bajo el rayo de las sucesivas apariciones, haya brillado la clara luz de Pascua.

Es entonces cuando tiene lugar el acontecimiento de Magdalena, acontecimiento que está relacionado con el de Lázaro, con el de la comida en casa de Simón y con el del Calvario.

Ahí estaba ella, Magdalena, con *las otras dos Marías*, mujeres que compartían un mismo nombre y un mismo corazón. A pesar de la luz angélica y del anuncio, que habría sido concluyente para un espíritu menos desconcertado, ella no ha visto más que esto: se han llevado a su Señor y no sabe dónde lo han puesto[234].

Ante este hurto que le arranca su último tesoro, el objeto desgarrador y dulce de su ternura, la vemos ahí como un cuerpo sin alma; ella ve y no ve; escucha y no escucha; ella no está ahí donde está, sino donde está Él, y qué desorden hay en ella cuando le pregunta al supuesto hortelano que se le acerca: «Dime dónde lo has puesto»[235].

Habla con una clase de violencia suplicante y azorada; implora con ímpetu; no teme a nada, ya que uno solo teme cuando ama, y, habiéndose marchado su Amor, Magdalena no tiene nada en el mundo que la obligue a amar.

Jesús, para mostrarle quién es, no le dirige más que una palabra; pero con una voz que ella sola podría adivinar: «¡María!». Lo reconoce por la dulzura de este nombre, «¡María!». Al nombrarla, se ha nombrado a sí mismo; en «¡María!» escuchamos «Jesús»: ¡tantas veces ha resonado este nombre saliendo de los labios y del corazón del Amigo divino! También Magdalena responde, como un eco: «¡*Rabbuni*! ¡Maestro!»[236].

Ella quiere precipitarse sobre Él; Jesús la retiene; una reserva superior se impone en este instante único, que está a media distancia entre la vida y la vida más allá de la muerte, entre la tierra y el cielo. Pero el amor se pone de manifiesto y se intercambian unas palabras eternas; aquel que nombra por siempre a los seres ha declarado reconocer como suya a su amada, y esta lo reconoce como su Maestro.

Así acaba la lección que nos viene de Magdalena; su propia iniciación, al perfeccionarse, corrobora la nuestra. Nos ha enseñado la

---

[234] Cf. Jn 20, 13.

[235] Cf. *Ibidem*, 15.

[236] Cf. *Ibidem*, 16.

omnipotencia de las lágrimas y la omnipotencia del corazón, ella, quien por tiernos llantos ha obtenido su perdón, la resurrección de un hermano querido, la unión anticipada a la Pasión y la alegría de la tumba gloriosa. Siendo la primera en comprender, recibe, por este hecho, la misión de anunciar. Es la «apóstol de los apóstoles»: un privilegio del amor, que, de cierta forma, en el transcurso de la historia cristiana, prevalecerá sobre la autoridad, sobre la fuerza y sobre el saber.

Lo que le ocurre a Magdalena se reproduce, en su justa medida, en todos los que toman parte en sus sentimientos y comparten su papel. Las demás santas mujeres se parecen a su hermana hasta el punto de que no se distingue, en el evangelio, lo que pertenece únicamente a Magdalena o al piadoso grupo. Los discípulos tienen su parte y prevalecen, como es de esperar, en lo tocante a los acontecimientos decisivos. Todas las funciones son afortunadas; los corazones resucitan y testimonian, no obstante el extraño asombro y las imperfecciones de una fe vacilante.

¿Quién nos dirá dónde está aquí lo perfecto? Un ser lo realiza. María, la sublime Madre, disfruta en lo secreto la plenitud de la alegría reencontrada, tras haber presentado en la prueba una virtud ejemplar. Ella resucita de su Compasión, como Jesús lo hace de su Pasión, como Magdalena de su desolación, como los apóstoles de su miedo y de su cansancio abrumador.

Si el evangelio se calla respecto a su caso, no es en absoluto porque se olvide, es, más bien, por impotencia. Un sentimiento delicado desea que cubramos un misterio tan dulce y no desflore en modo alguno su encanto. El silencio que flota sobre ella, muy lejos de significar el abandono de María, subraya su grandeza.

10. El Cielo

Bajo los ojos del Señor agonizante, los objetos y las personas siempre se encuentran a la vista de su marco natural y de su entorno divino; y si estamos meditando sobre lo que veía ante Él durante su Pasión, ¿es que acaso podría olvidarse de ese contenedor inefable? El cielo envuelve la tierra y los seres; «levantado de la tierra» por su alma más que por sus dolores, Cristo encuentra en el cielo su primer objeto de contemplación; viene de él y a él vuelve. Asimismo, no pueden concebirse ni su primera ni su última palabra, ambas inauguradas por el vocativo *Padre,* sin que las pronunciara con la mirada levantada hacia el cielo.

No confundamos, al hablar así, el cielo físico con lo que este simboliza; subrayamos únicamente el carácter apremiante del símbolo, la inevitable alianza, en nuestro espíritu, de las alturas celestes y de las inmensidades espirituales.

La bóveda azul representa para nosotros la altitud suprema; el orden total en el que estamos incluidos parece arrastrarse dentro de su rotación; nuestros destinos dependen de él; la obra eterna y su Obrero brillan incesantemente en él; la vida futura, objeto de nuestras aspiraciones, parece despuntar en sus profundidades.

Es natural, por consiguiente, que el cielo intervenga en todos nuestros sentimientos, sobre todo si son extremos, y Jesús se encuentra aquí en el mismo caso que todos nosotros. Cuando buscamos lo sublime y el temor sagrado, el cielo ofrece sus noches; en nuestras angustias, hacia él extendemos los brazos; para afirmar, lo ponemos por testigo; nuestros amores y odios lo invocan; nuestra impresión de lo necesario se vale de su indefectibilidad; si queremos consolarnos, hablamos en nombre de él.

Dios, siempre indulgente con nuestra forma de entender, relaciona Él mismo los fenómenos que tienen lugar en el cielo con los sentimientos que quiere inculcar y con los acontecimientos espirituales que dirige. Allí arriba suben sus elegidos, desde el hombre en el carro de fuego hasta Cristo y la Virgen; de allí arriba vendrá el Hijo del Hombre anunciado por las trompetas de los arcángeles; Yahvé habla del trueno como de su propia voz; su dominio es el firmamento; su tienda está en el sol; las nubes y los vientos son sus mensajeros; la aurora lenta es su mirada; en el silencio de las estrellas, quiere que el creyente escuche una inmensa aclamación.

A veces, por alusión a la «sala alta» de las moradas hospitalarias y religiosas (ὑπερῷον), al cielo se le llama en las Escrituras la morada alta de Dios (ὑπερῴα), y el autor sagrado manifiesta un interés constante –como Jesús lo hizo al máximo– en no dejar salir de nuestra imaginación esta morada soberana.

¡En qué se convierte el hombre si olvida que un Padre vela allí arriba, que las lámparas del cielo lo descubren, que una providencia se expresa en las leyes, que el gran templo anónimo esconde a su huésped, el mismo huésped que el de nuestros corazones! Un olvido de todo ello demuestra precisamente una primera infidelidad; es porque se alejan de Dios por lo que los hombres ya no comprenden el mensaje de la naturaleza y le prestan, tan a menudo, un lenguaje blasfemo. Tan pronto como uno se orienta hacia el primer amor, se anuncia todo lo que, en otro tiempo, se disimulaba.

Asimismo, esta expresión de Jesús, «el Padre celestial», está llamada a recordarnos la paternidad de Dios y, además, el carácter bondadoso, el sentido religioso de la creación misma, de esta sublime envoltura a la que san Pedro llama, en su descripción de la Transfiguración, la «gloria magnífica».

Solo de esta forma, la figura trágica del mundo se nos hace familiar y sus procesos, reveladores; el terror de la inmensidad ya no nos angustia más; su silencio no nos confunde más; el ensanchamiento desproporcionado que el espacio sin límites impone a nuestras miradas y que contrasta de forma tan violenta con la pequeñez de nuestras acciones ya solo da lugar a un vasto y religioso sosiego; todo nos consuela y todo nos instruye.

Me pierdo en el universo, pero me encuentro en Dios y no puedo salir de este «amplio seno» que no tiene exterior; unos brazos trazan bajo el horizonte su curva invisible; experimento mi Infinito que está vivo; reconozco que lo «inaccesible» está cerca de nosotros, que lo «implacable» tiene un alma y que esta es semejante a la nuestra: *Ipsius genus sumus*. Esto es por lo que puedo, sin terror, abrir por la noche la ventana sobre el abismo. Pero ¡qué inhumana y traicionera sería la noche si ella no nos hablara de Dios!

No es vano observar, al pie de la cruz que une todos los extremos, la correlación que existe entre el cielo, especialmente el cielo nocturno, y el misterio del alma. Inconmensurable es el firmamento, e inconmensurable, inexplicable, incomprensible en sus andares es el corazón. No subimos en modo alguno a los astros ni penetramos de ninguna forma en nuestros propios abismos; dos infinitos se abren fuera de nuestro ser, y en lo tocante a ambos, nosotros estamos al mismo tiempo atraídos irresistiblemente y retenidos a distancia.

¿Qué podemos hacer sin Dios en las alturas y sin su gracia en nuestras propias entrañas? Mas sentimos que estos dos dominios se encuentran y que Dios, que nos traspasa y nos supera en todos los sentidos, hace total la unidad de la naturaleza. Entrando en este Dios y ofreciéndonos a Él, podemos conciliarnos con el Ser y nuestro ser, y el Ser Supremo del que todo depende.

No podemos dudar de que Cristo tuviera presente, en todo momento, estas cosas. Si *todo ha sido puesto en sus manos*[237], lo hace, sin duda, con plena consciencia; lleno de lo que es, se asegura del mismo modo de lo que hace. Su visión alcanza sin falta a Dios, cielo vivo; al alma, humilde cielo donde se refleja el primero; a la naturaleza universal y a Él mismo, donde estas piezas de la realidad encuentran su unidad.

¿Qué podemos decir más? El estado del alma de Jesús levantando los ojos al cielo, ¿quién nos lo dará a conocer? Sin embargo,

---

[237] Cf. Jn 3, 35.

en cierto modo, es bueno intentar lo que es inútil; si fracasa la descripción, nos queda el beneficio del contacto. Expresemos aquello de lo que tenemos certeza, teniendo presentes ante el espíritu la amplitud que hemos comprendido en esta palabra tan simple y tan cargada de significados concordantes: el cielo.

*   *   *

Jesús amaba la naturaleza física. La bóveda azul, su ornato resplandeciente de nubes, su mística nocturna, el conjunto de reflejos que nuestros objetos diseminan como si fueran tabiques sobre los que bailan sombras cambiantes no le eran extraños a Aquel que era en todo Hijo del Hombre.

A uno le gusta ver a Jesús en medio de la belleza del mundo, acercándose a ella como un contemplador y expresándola como un poeta, en un mudo pensamiento de esos que sus sobrias parábolas dejan percibir. Su espíritu no se detiene en este mundo sublunar, ni siquiera en las nebulosas o en sus cúmulos de soles; pero el entorno inmediato con el que su cuerpo mortal se relaciona, que sirve tanto de medida como de objeto para sus sentidos, que nutre su imaginación, que se fija en su memoria, no deja de estar por ello en el primer plano de su concepción humana.

Fija una mirada piadosa en esta porción del cielo que es la tierra, es hijo de ella; volviéndose hacia su fuente, Él da en amor todo lo que ella puede recibir, como Él ha recibido todo lo que ella puede dar. La naturaleza, tal como es para nosotros, le embelesa y le fascina; esto se desprende de las palabras rápidas que el Predicador deja caer mientras que desgrana las palabras de vida: «Fijaos en los lirios del campo, cómo crecen; no se fatigan ni hilan, y yo os digo que ni Salomón en toda su gloria pudo vestirse como uno de ellos»[238].

Con fervor, recita como los suyos; a menudo, junto a ellos en las oraciones del Templo: «[...] Veo los cielos, obra de tus dedos, la luna y las estrellas, que Tú pusiste»[239].

---

[238] Mt 6, 28b y s.

[239] Sal 8, 4.

Sus discursos huelen a los campos, a las eras, al molino con su asno o llevado del ronza, a la colmena, a la viña, al redil a cielo abierto y a la atalaya, a la higuera y al olivo, al sarmiento y a las uvas pisoteadas. Escuchamos en ellos a gorriones y tórtolas, al perro que busca su pan como la oración humilde, a la gallina que teme el águila y la tormenta por sus polluelos, como Él mismo hace por la humanidad. Su mensaje se envuelve en símbolos terrenos e instintivamente elige los más bellos, que son también los más familiares, aquellos cuya sencilla grandeza hace que sean el fondo de la poesía humana.

No hay en ellos nada que sea puramente retórico, todo es verdad y todo es acción; pero la verdad y la acción tienen sirvientes, y Jesús, si no se entretiene con ellos, consiente con hacer unas alianzas con estos ayudantes de las que sacarán provecho sus fines espirituales.

Cuando habla, su espíritu, unido al de su Padre, le provee la inspiración; su imaginación, alimentada de la naturaleza, le proporciona los símbolos. En ningún momento lo abandona la impresión general del mundo; cuando Él abandone el mundo, dejará para nosotros la impronta de sus pensamientos, y la naturaleza se hará por ello más significativa, más espiritualmente elocuente, más llena de vida, como también será una adoradora más ferviente, animada por el espíritu cristiano.

¿Quién podía deleitarse con Dios en la creación y con la creación en Dios, quien constantemente la alumbra, mejor que esta alma humana y celeste? Asociada a la divina armonía (Uno en Tres, Tres en Uno), ¿no está completamente en sintonía con la música universal? Como Hijo del Hombre, ¿no encuentra en la morada del hombre su propia casa? Representa por sí solo a todo el género humano; lleva en sí mismo la idea madre de los seres; es el «Principio de la creación de Dios»[240] y es su «Amén»[241]; todo le simboliza; todo le sirve; la naturaleza está aferrada a Él por todas sus significaciones y por todas sus fuerzas: ¿puede Él dejar de amar este

---

[240] Cf. Ap 3, 14.

[241] *Ibidem.*

patrimonio, este espejo, esta emanación de la Idea que es Él mismo, este cercado de especies y este altar de Dios?

La belleza que adormece al alma pagana en una ebriedad debilitante lleva a Jesús hasta su Padre, y la adoración del Padre, que para el místico de miras estrechas supone olvidarse del universo, propaga a Jesús por la creación.

Él percibe la armonía de la creación como una voluntad eterna cuya puesta en práctica en la vida humana constituye el objeto de su enseñanza, de sus exhortaciones y de su ayuda. Mezcla el cielo y la tierra, la naturaleza y el alma, el tiempo y la culminación eterna del tiempo, pues estos extremos están unidos, y Él mismo pertenece a estos diversos reinos.

Decíamos que el pensamiento de Jesús al contemplar la naturaleza no se detiene en lo que a nosotros se nos muestra de ella, la profundidad de su mirada sobre los cielos creados no sufre nuestros límites. El cielo es la bóveda celeste, pero el cielo es también la asamblea de los mundos; mas allá de estos grandes testigos y en sus intersticios están las «aguas del espacio» en las que nadan, el medio desconocido que atraviesan y que les atraviesa, un oleaje sorprendente apenas accesible para el pensamiento y que los sentidos desconocen. Hasta dónde se extiende este mar con olas cadenciosas, dónde acaba esta perpetua maravilla, nadie lo sabe; pero Cristo, unido al Padre como Verbo y como Mediador, «Él lleva la cuenta de las estrellas y llama a cada una por su nombre»[242].

En la dirección opuesta, en lo hondo del ser, si puedo decirlo de esta forma, en lo íntimo de las sustancias y de los hechos, en lo infinitamente pequeño, que constituye también otros mundos, se abren a ojos de Cristo unos cielos no menos vastos que los primeros. Los átomos son astros, y quizá nuestros astros sean los átomos de cuerpos más vastos, como lo creyó Pascal.

Ante estas distancias infinitivas, que nos provocan un escalofrío, no podemos más que anonadarnos. Todo ello tiene a Cristo por testigo y juez; en su espíritu se inscribe su ley, que es la ley de

---

[242] Sal 147, 4.

todo. La ceguera se sufren los más sabios de los hombres no afecta a su pensamiento: capta la realidad en toda su expansión y en toda su concentración.

Bajo los ojos de Cristo, los límites se borran; traspasa al Ser de un extremo a otro; sube de cielo en cielo y penetra de abismo en abismo; va tan lejos con su mirada como el Padre con su poder; su éxtasis es igual que ese aliento creador que hace nacer todas las tierras fértiles y despierta en ellas todas las primaveras.

*   *   *

En la cruz, ¿debemos pensar que estas visiones se disipan y que el cielo ya no brilla de este modo? Sería una falsa idea y casi una ofensa. Más de una vez, hemos hablado de la forma de recordar de los moribundos. En Jesús más que en todos, tanto en el Gólgota como en el Getsemaní, las imágenes de toda la vida pasan y vuelven a pasar, las impresiones de la naturaleza se regeneran y se exaltan, muy lejos de abolirse.

En el momento de la gran muerte, el cielo y la tierra se manifestarán; su unidad con Cristo tomará esta forma de conmoción y como de protesta: ¿no es justo que el agonizante reciba también a la naturaleza fiel?

Ha aceptado el perfume de Magdalena como un anuncio de la sepultura… Y el perfume que asciende de la tierra en este día de primavera, el de los lirios que tapizan la roca, el de los vientos de Jericó que por un paso del desierto se elevan hacia la cruz, ¿no tendrá una misma significación y una misma acogida?

El Hombre-Dios ha honrado mientras moría todas las glorias de su país, el país de las piedras grises, y mucho más a los encantos de la patria universal, que es la suya, lo mismo que las admiró mientras estaba vivo. El cielo azul, las colinas verdes y las flores le regalan los colores de su Padre. La figura del mundo que Él se compuso, auténtica y espléndida, le sigue hasta la cruz, porque hasta la cruz le sigue su plena humanidad, unida a la divinidad que la acaba.

Los lugares de su infancia… ¿No los tendrá en un primer plano? Así ocurre en las visiones *in extremis,* en las que el final se encuentra con el principio, como si uno renaciera de pronto antes de desaparecer.

Nazaret acude al Gólgota; el suelo donde creció el cuerpo divino, donde el alma milagrosa reunía día a día los tesoros de la experiencia humana y adquiría los medios para manifestarse, ofrece su relieve puro, sus gentes de antaño y su paisaje.

Un sitio recogido, pero con amplitudes inmensas; así fue Nazaret.

Cuando uno sube al punto más alto de la región, a quinientos metros de altitud, al borde del promontorio desde donde los judíos quisieron un día despeñar a su profeta, el paisaje es cautivador. Al norte, la alta Galilea, respaldada en la retaguardia por el «jeque de las montañas», el Gran Hermón, cubierto de nieve, que trae el rocío hasta Sion, como dice el salmista. Al este, las mesetas de Transjordania y, delante de ellas, se hunde a doscientos metros el lago Tiberíades, el *Kineret* (con forma de arpa), donde el nuevo David ha paseado la armonía sagrada. Las adelfas de las riberas, la sombra o el esplendor meridiano de las aguas se esconden detrás de planos sombríos, pero la mirada los adivina; dan gloria a Cafarnaúm, la «ciudad de Jesús».

Todavía al este y un poco más cerca, está el Tabor, pedestal elevado por encima de un grupo de colinas, como una custodia donde fue presentada un día la Hostia por Moisés y Elías. Al oeste, el Carmelo que apunta hacia el cielo y el Gran Mar que relumbra. Al suroeste y en primer plano, el «palacio de los céspedes», el mosaico cambiante del Valle de Jezreel, extensión a la que José llamó «un gran jardín de trigo».

Completamente al sur, el Pequeño Hermón, Guilboá, los montes de Samaría y, a lo lejos, los montes de Judea, que invitaban al Niño cuando seguía con los ojos los brincos de los corderos de las colinas palestinas, sonriendo con la alegría de los collados, de los pastos cubiertos de ovejas y escuchando los gritos de júbilo de la llanura.

Él mismo era el *Amado* que *viene saltando por los montes, brincando por los cerros*[243]. Él debía llegar allí a esta hora de la tarde que se

---

[243] Cf. Ct 2, 8.

enfrentaba con la jornada galilea; debía detenerse allí para morir; porque «no es posible que un profeta muera fuera de Jerusalén»[244].

En el momento de su preparación, entregado por completo a su vida interior y a la secreta exploración de sus dominios, ¡cuántas veces debió subirse a este observatorio donde el peregrino de nuestros tiempos le sigue piadosamente, tratando de entrar en su alma! Los distintos momentos del día le cambiaban el paisaje y sus diversas inspiraciones le presentaban comentarios diferentes.

Las horas de Nazaret son espléndidas. Por la mañana, la antigua tierra, jugando con los jóvenes rayos de sol, certifica la eterna primavera; nos hace pensar en el cuadro de *Santa Ana, con la Virgen y el Niño*, en el que Leonardo da Vinci deja correr la sonrisa de la abuela a la Madre, y de la Madre al Niño, de quien el cordero y las flores la recogen. La aurora, «agarrando los bordes de la tierra, sacude de ella a los malvados»[245]: ¿cómo no podrá Jesús, desde su ardiente infancia, o por lo menos en sus breves años, sacudir esta alfombra ensuciada y volver a traer la inocencia?

La «antorcha de Oriente» pronto se eleva; alcanza rápidamente su máximo resplandor en el país de la luz; vibra entera, pues, hasta el deslumbramiento, hasta el zumbido indistinto de los veranos tórridos. El cielo está implacablemente limpio; las colinas blancas a lo lejos solo se tiñen poco a poco. Toda esta claridad resulta conveniente a Jesús, expresa su cometido. Bajo la presión ardiente de los rayos de sol, se afila el dardo que, por todo hueco o grieta propicia, va a romper la sombra de los hogares, como la doctrina de Jesús invade las almas.

Por la tarde, cuando Héspero asciende, cuando se esparcen los matices de un arcoíris difuso y la calma sucede a las luces estridentes; cuando un sutil abrazo arranca las preocupaciones del ser para alzarlo al nivel de las contemplaciones, ¿se puede negar Jesús, Él, el contemplador permanente, a este irresistible encanto?

Llega el momento en el que el horizonte, todo entero, no es más que un destello inmenso, como el mismo Dios es un destello vivo.

---

[244] Lc 13, 33b.

[245] Cf. Jb 38, 13.

En la invasión de luz rosada que alcanza del Gran Mar a la Decápolis y de la alta Galilea a los montes de Efraín en cuestión de unos pocos instantes, ¡qué gran invitación espiritual hay para el soñador de un sueño eterno!

«Fijaos en los lirios del campo, cómo crecen [...]». Fijaos en los lirios del cielo teñido de rojo, las malvas de los bordes de las nubes, el lino azul del levante que se apaga suavemente, el asfódelo gris de los peñascos que sobresalen y los lirios en los arriates dentro de estas estelas de vapor que se demoran como felices recuerdos. Es el Padre celestial quien siembra en los campos aéreos todas estas flores nuevas, y así sembrará, por su Hijo, los rayos y efluvios en el cielo de la humanidad.

¡Oh! ¡Qué oscura está la cruz en medio de estas visiones! Pero es ella la que las ha proporcionado; ya que, por ella, ha venido *Aquel que debía venir* y quien, marchándose hacia una trágica noche, ha atravesado esta aurora. Es por ella, también, por la que las visiones simbólicas se convertirán en una realidad espiritual.

Así pues, aunque se encuentra muriendo, Jesús puede contemplar esta naturaleza tan noble; no la rechaza; su dolor no es lóbrego; su dolor es glorioso y calmado, y el esplendor del interior se alegra de enmarcarse en un paisaje así. Muere en primavera; el vuelo de los pájaros lo cubre; la llamada de las tórtolas repite sus suspiros; saluda con el alma a su Galilea, su Judea, a la verde Samaría que las une y al marco incomparable de estas joyas combinadas: la tierra. Conoce la extensión que rebasa infinitamente al globo pasajero; la claridad del espacio le deslumbra; el nubarrón oscuro de dentro de un rato no será sino un ligero velo. Las anémonas del Gólgota, vistas a contraluz, avivaron sus tonos de astros bermejos mientras el Señor subía; ahora forman al pie de la cruz sus densas constelaciones, y allí, sobre el tejado de tierra de las casas, otras anémonas innumerables, e incontables amapolas y margaritas con el corazón dorado y con estrellas blancas y rosas, ensanchan este cielo.

Todo lo que Jesús ve le representa el cielo; todo para Jesús es cielo; la naturaleza es celeste en su superficie y en sus profundidades, en sus alturas y en sus abismos, en su paisaje y en su sustancia; los atributos divinos que brillan ahí encuentran en Jesús unos atributos semejantes y un ideal contemplativo. El cielo, alrededor de la cruz, se extiende por todas partes, ya que todo lo que Jesús ve está sumergido, sin confundirse, en lo inmenso y arrastrado, sin perderse, en lo eterno.

*   *   *

Debemos considerar aparte un ejemplo de esta visión celeste. Solo se distingue de los otros por la apariencia o, al menos, por unos signos externos, pero exige una consideración especial, una muy audaz si tenemos que definirla; aunque solo deseamos adorar y proteger con algunas palabras piadosas esta zona de silencio.

Jesús reza; su oración en la cruz es una continuación de su oración constante. Si el cielo es el firmamento, el universo, el alma y Dios, la oración de Jesús que lo une todo es una comunicación con el cielo en el sentido más pleno, una mirada al cielo sin límites de extensión o de poder.

La oración habitual de Jesús obedece por adelantado al consejo del apóstol: «Orad sin cesar»[246]. Y esto quiere decir que el deseo, en Él, está siempre orientado hacia Dios, que el Espíritu *con gemidos inefables*[247] no deja jamás de alentar y de ofrecer al Padre sus aspiraciones.

Sus palabras corrientes rezan; su silencio reza; su ser mismo reza. La oración es todo el fondo de la vida del divino Maestro, pues todas sus acciones, incluso las más incomprensibles, no son sino una larga, solemne y perfecta adoración. Y como víctima ofrecida por todos los tiempos, Él es una petición sustancial.

Sin embargo, puesto que su conducta debe servirnos de ejemplo, no puede omitir lo que, visible y periódicamente, santifica esta

---

[246] 1 Ts 5, 17.

[247] Cf. Rm 8, 26.

vida y la levanta. Reza en distintos momentos, reza en el Templo y en la sinagoga; reza, además, las tres veces diarias según la costumbre de los judíos; reza más detenidamente por la tarde, en plena naturaleza, a menudo sobre las colinas, y esta última oración se asocia expresamente a la elevación interior de la mirada a lo alto que encontramos en la cruz.

El evangelio nos ha mostrado esta imagen grandiosa: Jesús, solo sobre una cima, con la cara vuelta hacia la inmensidad del espacio, de tiempo en tiempo seguramente postrado, de tiempo en tiempo con los brazos en cruz, rezando con todo su ser y, sobre todo, con toda su alma, mientras que el cielo reza con todas sus estrellas.

Cuando caía la tarde como una cortina sobre la vida terrena, cuando, cansado de palabras y acciones ruidosas, necesitaba tanto para el alma como para el cuerpo un largo reposo, dejaba a los suyos bajo el refugio de algunas rocas o algunos árboles, subía la pendiente más cercana y ahí, sobre la cresta de algún cerro, como si estuviera al borde del mundo, se adentraba en el silencio eterno.

La noche era para Él como una liberación y una llamada; Él dejaba las sendas de los hombres por la Divinidad donde la naturaleza se derrama. Cuando llega la noche, el mundo se amplía; la tierra que se desvanece entre tinieblas nos deja a cielo abierto; el espacio infinito nos arrolla y sus fuegos nos guían; todo nos dice: «Sube, abre tu corazón», y la contemplación parece que se nos impone. Para Cristo, en quien es ininterrumpida, la contemplación se vuelve más, si no enteramente, intensa y dulce; también es más apacible y se demora gustosamente.

¡Quién sabe si el irrumpir de la estrella de la mañana no le sorprendería, a veces, aún en oración! El símbolo se encontraría en ese caso con la realidad; bajo el flanco rosado de la mañana brillan juntos el astro precursor y Aquel que se ha llamado a sí mismo la «luz del mundo».

Jesús está ante el vibrante firmamento; lo imagino entonando en nombre de todos un gran himno, animando y comentando el silencio, mientras que se elevan, para reforzar aún más este silencio adorador, los aullidos espaciados del chacal o el ulular de las aves nocturnas.

¡Cuántas veces habrá cantado el *Laudate Dominum de cœlis!*[248]:

«[...] Alabad al Señor desde los cielos,
alabadle en las alturas.
Alabadle, todos sus ángeles,
alabadle, todos sus ejércitos.
Alabadle, sol y luna,
alabadle, todas las estrellas luminosas.
Alabadle, cielos de los cielos,
y aguas todas, que estáis sobre los cielos.
[...] porque sólo su Nombre es sublime;
su majestad se extiende sobre tierra y cielos».

Y cuántas veces, también, junto a los tres jóvenes exultantes dentro del horno de Babilonia, se le debe ver rezando la copiosa enumeración del cántico: *Benedicite omnia opera Domini Domino.*

«Obras todas del Señor, bendecid al Señor, alabadlo y ensalzadlo por los siglos.

»Bendecid, cielos, al Señor, alabadlo y ensalzadlo por los siglos. Bendecid, ángeles del Señor, al Señor, alabadlo y ensalzadlo por los siglos. Aguas del espacio, ejércitos del Señor, sol y luna, astros del cielo, lluvia y rocío, vientos todos, fuego y calor, fríos y heladas, rocíos y nevadas, témpanos y hielos, escarchas y nieves, noche y día, luz y tinieblas, rayos y nubes, la tierra, montes y cumbres, cuanto germina en la tierra, manantiales, mares y ríos, cetáceos y peces, aves del cielo, fieras y ganados, hijos de los hombres, Israel, sacerdotes del Señor, siervos del Señor, almas y espíritus justos, santos y humildes de corazón, Ananías, Azarías y Misael [que son símbolo de los afligidos y de los perseguidos que Dios levanta], alabadlo y ensalzadlo por los siglos»[249].

Jesús es el director del coro de esta inmensa asamblea; Jesús es en la creación el propulsor de las alabanzas y todas se dejan llevar so-

---

[248] Sal 148, 1-4.13.

[249] Cf. Dn 3, 57-88.

bre la suya como una ligera carga sobre un ala. Con su montaña de oración como centro, centro de las esferas y de la vida, Él resplandece por todos lados; da un alma a todo; es Él la oración viva de los seres; su mandato universal hace de Él *el que es*, en presencia de *Aquel que es*, y los astros y espíritus lo observan.

Su petición sigue a su adoración; quiere para todos el pan que, en cada uno, pide su propia sustancia: para nuestro cuerpo, la salud; para el espíritu, la verdad; para el corazón, el amor; para la voluntad, la libertad; para los grupos, la fraternidad; para todos, la culminación que perfecciona a los seres y la flor de esta culminación, que es la alegría.

Él pide y sabe que recibe en toda la medida según la capacidad de aquellos por quienes pide. Nada limita el poder de su oración, como nada limita el poder de su acción, salvo el defecto del sujeto creado que se sustrae por el mal.

Además, no habrá, a causa de esta reserva, disminución alguna de los dones divinos; Dios siempre da todo; todo lo ha puesto en las manos de su Cristo, y al igual que Cristo reemplaza, entregándose a sí mismo, a los hombres que lo rechazan, acoge y utiliza lo que los hombres no pueden recibir. Su gracia es infinita en cierta manera, dicen los teólogos; es la fuente universal para verter sobre nosotros y el depósito para que la abundancia de Dios no se vea limitada.

¿Quién nos explicará cómo tiene lugar en la cruz este ir y venir de gracia y se acentúa con un poder milagroso? En ninguna otra parte rezó Jesús más ni fue mejor complacido; en ningún otro momento fue más estrecha, bajo el cielo, su relación con el Rey del cielo.

Dos palabras, si supiéramos pronunciarlas, nos darían la clave de este misterio: la primera de estas palabras es *amor* y la segunda, *sacrificio*.

El amor es el impulsa nuestra adoración y el que permite nuestras peticiones. Entre dos personas iguales, quien más ama es quien mejor honra y quien más obtiene: el amor de Cristo hacia su Padre es entonces el amor de su culto, y ¿dónde se prueba este amor mejor que en su sacrificio hasta la muerte? «Nadie tiene amor más grande que el de dar uno la vida por sus amigos»[250].

La cruz es por ello el reclinatorio por excelencia, si podemos decirlo así, de la misma manera que es el altar, la custodia y el primer tabernáculo. No en vano comenzamos y concluimos nuestras oraciones con la señal de la cruz; bien entendido, este signo vendría a decir: «Te adoro, Dios mío, por la cruz, por Jesús en la cruz, con Jesús en la cruz, como Jesús en la cruz», en un espíritu no solo de conmemoración y confianza, sino de obediencia y sacrificio. Y esto querría decir nuevamente: «Te pido lo que me es necesario en nombre de la cruz, es decir, en nombre del mismo recuerdo, de los mismos méritos a los que humildemente uno *lo que les falta*, de acuerdo con la invitación del apóstol»[251].

El silencio de Jesús durante sus noches de oración acababa lo que había formulado para nosotros y para Él mismo en sus oraciones en voz alta. Le vemos en la montaña más acostumbrado al éxtasis que a los discursos; se queda allí absorto durante un largo tiempo, sumiendo e inundando su vida consagrada en la Vida primera, dejando que sus arterias palpiten, que el corazón lata, que su espíritu se vacíe, que su voluntad se abandone, postrando todo su ser en un silencioso y perfecto homenaje.

¿No decíamos que Él es el homenaje vivo, la petición viva? Su persona es un culto; para pedir y adorar, es suficiente con que diga: «¡Aquí estoy!». Como Juan el Bautista, y más que Juan el Bautista, no es por entero sino una *Voz*. Cuando no habla, es, ama, y esto mismo nos salva, y esto glorifica la Paternidad inefable. En el seno de nuestro infinito, en la naturaleza y en la humanidad de todos los siglos, el poder radiante de Cristo no necesita explicarse; brilla, eso basta, la aceptación del cielo hace el resto. El infinito es un círculo de oro y Cristo es su diamante.

En la cruz, por estas mismas razones, el silencio que une las Siete Palabras es su comentario más elocuente. La mirada elevada ha-

---

[250] Jn 15, 13.

[251] Cf. Col 1, 24.

bla de sí mismo y ¿qué glosa tendría el mismo significado trágico que esta sublime mirada?

El silencio, que es la flor de la adoración; el silencio, la petición más apremiante, cuando se resguarda allí un deseo movido por el amor. En el Gólgota, es entonces el equivalente a las oraciones de toda la vida del Maestro; las contiene todas y, con ellas, las nuestras; las concentra, y la Iglesia solamente las tomará prestadas de este tesoro cuando disperse por todas partes la oración y la alabanza, y hará que resuenen como la voz de los océanos.

*   *   *

Cristo mira al cielo. ¿No diremos, finalmente, que para esta contemplación no es necesario que abra los ojos? Ni siquiera necesita que un movimiento del espíritu oriente la mirada interior hacia un objeto distinto de Él mismo. Cristo lleva el cielo en sí mismo.

No podemos exponer aquí la extraordinaria psicología que la *unión hipostática* y sus consecuencias sugieren a nuestra fe. El cielo presente en Jesús, eso sería explicar toda la doctrina de la encarnación. Debemos, no obstante, hacer referencia a ella, para no mutilar nuestro tema.

Cristo es Dios y hombre; tan cerca de nosotros como Él se muestra, siempre es esta venturosa porción de humanidad que Dios ha tomado para unirla a su Divinidad[252], como dice san Francisco de Sales. Nadie comprende este ensamblaje prodigioso; pero, afortunadamente para la obra eterna, nuestros esquemas no puede juzgar lo que es.

Nuestro Cristo es un misterio vivo; lleva un nombre incomunicable y «que nadie conoce sino Él»[253]. Su nombre se le revela en una plena intuición, una toma de contacto íntima que se le niega a cualquier otro, y este nombre es «el Verbo de Dios»[254], al mismo

---

[252] S. Francisco de Sales, *Tratado del amor de Dios,* libro II, IV.

[253] Cf. Ap 19, 12.

[254] Cf. *Ibidem,* 13.

tiempo que Hijo del Hombre, «Rey de reyes y Señor de señores»[255], permaneciendo todo ello como el nombre de un ser mortal.

Se deduce que Jesús nunca es igualado por lo que hace, dice o piensa en el plano del hombre y que el destino humano no es todo su destino como persona, ni su misión humana es su todo. En contacto con Dios, a quien lleva y es Él mismo, se le ofrece una vida más elevada. Al mismo tiempo que es el Enviado y el caminante admirable, es el que ha llegado y Aquel que no necesita llegar.

La humanidad no es sino su campo de acción; la tierra, su soporte. Precisamente porque se ha dado al mundo, solo se comunica con el mundo por una puerta estrecha, aquella por la que Dios pasa para ir a los hombres y que los hombres cruzan para venir a Dios.

El resto es todo misterio, separación, transcendencia; el éxtasis es su estado normal; está perpetuamente arrebatado por el claro sentimiento de su filiación divina y la constante irrupción en todo su poderío de su Dios conjunto. El éxtasis, que es para el místico una proyección externa, es para Él una tranquila posesión de sí mismo. Constantemente, se refugia ahí donde lo humano ya no pesa; su existencia visible es como el vuelo de un astro que ha surgido de los dominios de las sombras y que se vuelve a sumergir en ellos. Para los grandes corazones, la recompensa divina es su grandeza misma: el mayor de todos los corazones tiene su suficiencia en sí; en sí, su fuente inabarcable, de la que manan todos los dones para Él y para todos.

En sus discursos, solo puede mostrar afloramientos de lo inefable; pero el fondo, que se esconde, le da a lo que Él revela una fuerza de penetración, así como una energía creadora. Descubre los misterios abriendo la mano. Habla «como quien tiene potestad y no como los escribas»[256]. Se ilumina con su propia luz y atraviesa nuestra noche como en una aureola. Ve con claridad y sin cesar lo que nosotros no percibimos más que en destellos de fe. Al verlo, puede expresarlo con certeza y, siendo su Maestro, puede inculcarlo con esta omnipotencia de la Palabra primera, que realiza lo que dice.

---

[255] Cf. *Ibidem*, 16.

[256] Mc 1, 22b.

Es de su cielo interior de donde Jesús ha extraído la luz del mundo; es desde lo profundo de su corazón desde donde Él nos ha enviado el Espíritu.

Y la naturaleza no está menos sometida que la humanidad a su influencia vivificante; Él es su Jefe como hombre; como Dios, es el Creador y la Providencia. Al igual que la luz de las almas, la luz de los mundos se alimenta de Él; es en Él en quien centellean las estrellas, y de su vida brota la vida universal como un río. Delante de los juegos de la naturaleza, si su pensamiento y su imaginación de hombre admiran, su divinidad íntima crea. Él es la *Sabiduría que se desarrolla en todo tiempo* delante del eterno Principio; Él es, al mismo tiempo que el sujeto de las fuerzas creadas, la Fuerza eterna.

¿No podemos decir que hay en nosotros alguna imitación de esta dualidad, de esta divinidad y esta humanidad, donde una es la claridad y la otra, su paso? Tenemos, nosotros también, antorchas en el corazón. La gracia, la naturaleza profunda misma, ese algo en nosotros que casi ya no es nuestro, que linda con la Fuente única, ¿qué es entonces sino una especie de divinidad humana, una participación de este Verbo que un día se nos dio por completo?

Al mismo tiempo que brilla para nosotros por sus revelaciones y por la naturaleza, Dios surge de nuestras profundidades; en el nivel en el que nacen nuestros mejores pensamientos, en el que brotan nuestras gracias, Él se encuentra consigo mismo; y es un cielo interior el que se nos da de esta manera, un cielo estrellado de verdades y atravesado por buenos efluvios, un cielo radiante, a pesar de nuestra noche.

Parece ser que el silencio de Jesús, que decíamos que le es más natural que la oración misma, está aliado con una soledad que no podía ser perturbada por los contactos y las relaciones que se enumeran en el evangelio. Esta misma alma que está empapada en pensamientos y se derrama en palabras hasta llenar, si se escribieran una por una, las estanterías del mundo entero[257] permanece, en

---

[257] Cf. Jn 21, 25.

el fondo, como un abismo mudo; esta alma que está unida a toda alma y a toda realidad visible o invisible está, en cierto modo, siempre sola.

Jesús se queda en medio de nuestra agitación como se queda en su colina de la tarde. La tierra desgrana los días y las noches; Cristo desgrana su vida con la misma fidelidad fuerte y paciente. Pero, en el fondo de sí mismo, está el descanso maravilloso. Él actúa y su espíritu gobierna la acción, su corazón se entrega a ella; sin embargo, Él está libre, puede recibir sin cesar mensajes secretos; escucha una música celeste; realiza plenamente lo que expresa el apóstol: «Pero nosotros somos ciudadanos del cielo»[258].

Alma insondable, alma protegida por soledad y silencio, alma visionaria y en posesión, en este mundo, del supremo objeto. El alma de Jesús, que es, en Dios, su cielo interior, es por ello un abismo de beatitud. La alegría le inunda y no le abandona jamás; el día eterno habita en Él. El dolor viene, lastima, inflige unos tormentos incomparables en una sensibilidad que es llevada tan alta como la perfección del alma que la soporta; sin embargo, más allá de esta zona sufriente, se extienden amplias regiones donde la alegría es la única que reina.

Hay dos existencias de Cristo: una temporal, que va del pesebre a la cruz y al sepulcro, y otra inmutable, a la derecha del Padre. Ahora bien, la visión beatífica, idéntica aquí y allá, fusiona, por así decirlo, en una sola estas dos vidas. Para Jesús, la vida más allá de la muerte no es totalmente una renovación; es una continuación. Jesús renace y es glorificado en su cuerpo; pero, en su alma, no hace sino proseguir su porvenir y continúa el eterno coloquio; su destino divino se corona sin que haya un cambio profundo. En el polvo de las acciones cotidianas y bajo el fuego de los dolores, ya estaba en la gloria; estaba deslumbrado por Dios: ¿qué podría adquirir sino la definitiva armonía de su ser?

En este mundo, estaba dividido: es un océano de silencio y de paz bajo un oleaje revuelto; la tempestad le asalta en la Pasión y, al

---

[258] Flp 3, 20a.

final, le «apretaban lazos de muerte»[259]; pero, entre los aspectos más opuestos de su vida, se anuncia una concordancia, y esta concordancia será realizada en la ascensión.

¿Es posible unir de esta manera dos estados tan extremos uno y otro, cada uno de ellos tendiendo a acaparar toda acción vital: el sufrimiento casi permanente y una permanente felicidad, la alegría celeste y la cruz? Es necesario hacerlo. La *unión hipostática* conlleva la unión beatificante como un derecho; el sufrimiento es el medio de la redención: es el Omnipotente el que concilia ambas cosas. Al estar aquí el Creador unido a su obra, no podemos imaginar que retroceda o dé muestras de incapacidad ante el problema psicológico que debe resolver.

*   *   *

Eso no es todo. Ahí donde tanto misterio empieza a confundirnos, nuestros doctores encuentran un misterio más. Toman este grito: «Dios mío, Dios mío, ¿por qué me has abandonado?»[260] y, sin ver ahí, como algunos harían, la desesperanza, le prestan un carácter tan desgarrador que, en comparación con el estado del alma que se expresa así, la agonía del día anterior no sería ya, por así decirlo, nada. Este grito sería para ellos la angustia suprema.

Hay que admitir que los hechos no conducen necesariamente a esta interpretación. La exclamación de Jesús está tomada del salmo vigesimosegundo; es su comienzo. Puede sugerir entonces, naturalmente, la idea de una oración que se continúa mentalmente, no de un clamor trágico.

Este salmo es profético; en él se señalan los aspectos más sobrecogedores de la Pasión: el Hijo del Hombre reducido al estado de «gusano», el «desprecio del pueblo», las burlas, el sarcasmo de los bebedores de la puerta, las sacudidas de cabeza de los fariseos y su apelación irónica al milagro, el abandono de los discípulos, la sed,

---

[259] Cf. Sal 116, 3.

[260] Cf. Mt 27, 46.

la hiel y el vinagre, las llagas sin nombre, los pies y manos atravesados, la dislocación de los huesos, el reparto de las vestiduras y la túnica echada a suertes. Al final, viene la visión de gloria y la esperanza de grandes frutos para todos estos dolores. No hay razón perentoria para aislar el grito inicial y hacer de él algo distinto a una entonación o, si lo queremos, una síntesis del salmo.

Esta sencilla explicación ha parecido a algunos demasiado superficial y suponen otra cosa. Piensan que Cristo encuentra otra vez un poso que debe agotar en el fondo de su cáliz. Ha experimentado todas las torturas del hombre; le queda por ver, unida a ellas, una turbación divina.

El sentimiento de la esperanza le sostiene: debe perderlo. Su Padre es su recurso contra la crueldad y el abandono de los hombres: su Padre se alejará. Al rechazarlo la tierra, conservaba el cielo: este cielo va a esconderse en su mirada interior, igual que el firmamento se va a cubrir de tinieblas. ¡El infierno! ¡Hace falta que pruebe la sensación del infierno! La probará y bajo sus dos formas. La condenación de la que Él nos libra comporta dos penas: la *pena de la condena* y la *pena del sentido;* la primera será representada por el abandono del Padre y la segunda, por la cruz. Entonces podremos decir que la Pasión ha acabado, que la redención es completa; la oleada del dolor, en su apogeo, ya solo podrá descender; su fuerza se habrá agotado; pero, de no ser por ello, quedaría una última fortaleza en el alma de Jesús sin ser alcanzada.

¡Sea! Conmovámonos al pensar que nuestro Salvador ha perdido su cielo para entregarnos el nuestro. Lo ha perdido conservándolo por completo, es decir, ya no tiene el sentimiento, permanece ante el Padre como ante un Dios inexorable o, aún peor, ya no lo encuentra y tiene entonces todo el dolor del infierno, en el Edén donde le mantiene su calidad de Hijo de Dios.

«Parece no saber ya que Él es Dios», escribe san Anselmo. Algo horrible se ha interpuesto entre su humanidad y la Divinidad que la anima; siente una especie de maldición: la nuestra, de la que se hace cargo al llenarse de nuestros pecados. Su amargura es entonces infinita, porque infinito es el amor que se esconde, infinito es el bien, del que parece que ha sido despojado, infinita es la felicidad apagada.

Él ama y eso alivia su espantosa pena; al Bien que escapa de Él, se adhiere con tal ardor que su corazón no puede naufragar. ¿Pierde uno las esperanzas cuando desea, con toda su voluntad, la voluntad de Aquel a quien ama? Si santa Teresa ha definido bien el infierno como un lugar donde uno no ama, un infierno donde uno ama es ya un cielo. Pero este cielo tenebroso por todos lados no deja de ser por ello, para Jesús, la angustia final. Su sol espiritual ha muerto. Es una tierra sin astro e invadida por el frío de un polo a otro. Entre el Padre y Él, la corriente consoladora ha dejado de correr. El corazón de su corazón le abandona. ¡Pensemos en lo que puede infligir al Hijo de Dios la sensación de que para Él ya no hay Dios!

*   *   *

«Dios mío, Dios mío, ¿por qué me has abandonado?» Este abandono aparente y temporal tiene lugar, en el Calvario, entre dos fases confiadas y tranquilas, al igual que la agonía del Getsemaní se encuentra en medio entre las dulces efusiones del cenáculo y la sublime valentía del prendimiento, al igual que las caídas ocurren entre dos escalones. Concluida la prueba, Jesús vuelve a encontrarse con su serenidad; el cielo se vuelve a abrir; los brazos del Padre se tienden de nuevo; como san Esteban, y antes que él, Jesús ve los cielos abiertos y su pensamiento se adentra en ellos.

Otro cielo, diremos, el último al que haremos referencia, un cielo que Él conquista esta vez, en lugar de solo contemplarlo y habitarlo. Un cielo que ya no es únicamente suyo, sino nuestro. Una visión definitiva que se simboliza en el Calvario con la mirada levantada hacia la infinidad del espacio a través de un velo de sangre.

¿No tiene el cielo físico este significado para nosotros: un estado espiritual lejano y elevado con respecto al estado presente, una estancia de paz y plenitud, un lugar de delicias? Cristo nos ha prometido este cielo y ha dicho a los suyos, durante la Última Cena: «Voy a prepararos un lugar»[261]. Medita por adelantado sobre la

---

[261] Jn 14, 2b.

ascensión, que parecerá situar por encima de las nubes la sede misteriosa de su gloria. Mientras espera, nos gana el acceso a él.

El que ha sido puesto como intermediario entre la divinidad y la humanidad sabrá, sin duda, reunirlas; Aquel que lleva el cielo en sí podrá abrírnoslo. Hace temblar, en este momento, las puertas. Dentro de un rato, las forzará. ¿No es esto lo que le dice al buen ladrón con estas asombrosas palabras: «Hoy estarás conmigo en el Paraíso»[262]?

Cuando, sobre el monte de los Olivos, una neblina cubre ligeramente la primera alborada y la estrella de la mañana apenas centellea, basta con esperar un poco para que el astro ascendente surja y planee sobre lo que queda de noche. Esta estrella es Jesús. Él es «ese lucero que no conoce ocaso [...], que, al salir del sepulcro, brilla sereno para el linaje humano»[263].

Ahora bien, el cielo hacia el que sube el Astro vivo y adonde todas las constelaciones humanas deben seguirlo está ahí desplegado. Jesús se sume en él por la vida del espíritu; sin abstraerse de la obra presente, de la que este gran porvenir es su meta, le tenemos ahí inspeccionando su ciudad, la *ciudad aérea*, la ciudad «coronada con ángeles como la esposa engalanada»[264], la ciudad de las arpas y los cálices de oro, de las trompetas y de los incensarios, de las túnicas blancas y las palmas, de los cánticos y las diademas. Es la ciudad donde «no habrá ya muerte, ni llanto, ni lamento, ni dolor, porque todo lo anterior ya pasó»[265].

Jesús mira y esta mirada quiere decir: Ahí arriba subimos, hombres, Yo el primero y vosotros tras de mí. La corona es cierta, pero «tampoco el atleta consigue el triunfo si no ha competido regla-

---

[262] Cf. Lc 23, 43.

[263] *Exultet*. Pregón pascual.

[264] *Urbs beata Ierusalem*. Himno de vísperas para el Oficio de la dedicación de una iglesia.

[265] Cf. Ap 21, 4.

mentariamente»[266]. Se trata de vencer. «Al que venza le concederé sentarse conmigo en mi trono, igual que yo he vencido y me he sentado con mi Padre en su trono»[267].

Estad todos conmigo para la gran victoria, y, puesto que la victoria no se obtiene sin sufrimiento, suframos; puesto que la victoria supone la santa muerte, muramos, preparad conmigo la muerte santa. «Bienaventurados los muertos que desde ahora mueren en el Señor. Sí, dice el Espíritu, que descansen de sus trabajos, porque sus obras les acompañan»[268].

---

[266] 2 Tm 2, 5.

[267] Ap 3, 20.

[268] Ap 14, 13.

Epílogo

El fin avanza lentamente. Jesús debe estar decidido a declararlo para conservar en los acontecimientos el carácter voluntario que ha prometido. Bebe su última hiel que viene a recordarle todas las demás; sus dolores, que se intensifican, le hacen sentir que la vida en Él arroja su último fuego. Su obra está acabada; el tiempo de su peregrinaje ha pasado; lanzada la semilla, el árbol solo tiene que crecer. Puesta la acción, sus consecuencias en el curso de los siglos ya no necesitan a Cristo, e incluso lo excluirán: «Os conviene que me vaya»[269], decía Él.

Las Escrituras se han cumplido en Él; todo lo que tenía que hacer está hecho y ha sufrido lo que tenía que sufrir. El todo se concentra en su espíritu, y con una gran palabra dice, como dándole permiso a la muerte para acercarse a su Señor:

«TODO ESTÁ CONSUMADO».

Sí, «Cuerpo amado de Dios», como dice una inscripción del siglo XII, alma celestial que nos ha sido concedida a nosotros para este tiempo que encierra la eternidad, es cierto, todo está consumado para ti. Y, por lo tanto, todo está también consumado para nosotros, a quienes se dirigían los anuncios y quienes debíamos beneficiarnos de las promesas. El hombre ya no tiene nada que pedirte, y Tú, que preparabas dones infinitos más allá de sus peticiones, no tienes nada que ofrecerle que no le haya sido, en adelante, adquirido. Has restaurado todo en ti. Esta cruz alzada es por siempre, entre la tierra y el cielo, el conductor de los bienes, el pararrayos de los males: ¿qué más desearías y qué podrías nuevamente realizar?

---

[269] Cf. Jn 16, 7.

Tú vendrás de nuevo cuando resuene la trompeta de terror y alegría, pues entonces se comparará la cosecha con la semilla y los frutos con el árbol; pero, mientras esperamos, puedes dejar este mundo. Venido del cielo, puedes regresar al cielo; ve «a prepararos un lugar». Nos beneficiaremos de ti, oh Mártir, como si nosotros mismos, cada uno, hubiéramos rescatado nuestra vida perdida, experimentado tus sufrimientos, derramado en la cruz tu sangre, animado esta Pasión con el Espíritu que te anima a ti mismo y que quieres hacer nuestro.

Los signos precursores se precisan y se suceden con la llegada de la hora nona. La noche del Gólgota se espesa; el Gareb está cubierto como un catafalco. Si está tan oscuro, es que Dios quiere anunciar la luz que avanza.

La tierra es presa de un temblor. En la roca excavada con sepulcros se produce una agitación; unos muertos se liberan. El velo del Templo –puede que llevado por un fuerte viento, el siroco lúgubre, presunto autor de las tinieblas– se rasga de arriba abajo. Este velo descubre unos secretos, afirma Orígenes. Es el primer velo, que separa el Vestíbulo del *Sanctum Sanctorum;* revela los misterios de Cristo y los misterios anunciados por Cristo, solo dejando subsistir más allá, detrás del velo del *Sanctum Sanctorum,* el misterio supremo. Así se manifiesta Dios. Si emplea la naturaleza, no es sino una armonía adicional. Proclama en un lenguaje de hechos su terrible misericordia.

Jerusalén, bajo la nube, reúne sus cúpulas pálidas como los polluelos de la parábola; la ciudad de sangre está ahí, ya cadáver, bajo el gladio levantado de Roma.

Ninguna claridad en la naturaleza, ninguna luz en los corazones cerrados; solo el amor del grupo santo sube hacia el Jefe traspasado de espinas; solo el amor de Jesús cubre al universo.

Magdalena solloza aún. Desde un poco más lejos, las santas mujeres miran; los escasos discípulos están callados; Juan sirve de apoyo a su «Madre», la mujer rota y firme, de pie y desfalleciente. Si hasta las piedras se parten, ¡qué será de este tierno corazón!

Jesús exhausto deja correr poco a poco sus últimas fuerzas. Uno lo ve sin aliento y siempre consumido por la sed; una sed ardiente, pero de un ardor espiritual más que físico. Tiene sed de la tierra que también tiene sed de Él, pero que no lo sabe. ¿No aparece de algún modo, con sus labios convulsos, querer dar a esta tierra que ama un último beso, recibir el de los suyos y quizá, humildemente, una última vez, por hoy y por todos los tiempos, ofrecer su mejilla a los besos infames?

Su cuerpo vaciado de sangre está listo para el sepulcro; su alma vacía de sí misma está lista para su Dios.

En su mirada, el paisaje comienza a apagarse; Moab, desde hace tiempo, ha desaparecido en la oscuridad; las líneas del monte de los Olivos y las pendientes de Sion vacilan y se borran; el Cenáculo y el palacio de Herodes, el Templo y la fortaleza Antonia, las murallas, donde el paso de Efraín está siempre abierto de par en par, las laderas mismas del Gólgota, completamente oscuro, todo se derrumba en las tinieblas del interior. Las anémonas ensangrentadas ya no brillan y las de la frente endurecen la inflamación bajo la atroz corona.

Jesús, sin embargo, está en plena posesión de sí, «nadie le quita la vida»[270], sino que la entrega libremente. ¿Dónde? En las manos de su Padre.

«PADRE, EN TUS MANOS ENCOMIENDO MI ESPÍRITU».

La mano de Dios lo contiene todo, pero quiere recibir las libertades que asocia a su poder. La libertad de su Cristo le rinde este homenaje soberano; abdica en favor del Omnipotente; se confía al Amador de todos y en Él encuentra la gran paz.

«En tus manos encomiendo mi espíritu»[271] es un versículo de un salmo. Jesús muere en el Espíritu que siempre le inspira. Muere en su Padre. Muere, como hombre, en este Verbo al que se une en una unión tal que su cuerpo inanimado será aún su huésped.

Su último gesto es el gesto definitivo, que corresponde al gesto inicial: «Mira, vendré pronto»[272], que resume los de toda su vida y

---

[270] Cf. Jn 10, 18.

[271] Sal 31, 6a.

[272] Cf. Ap 22, 12.

los consuma. Un gesto de confianza y de amor, de unión y de don. Un gesto único en el que todos los humanos tienen que participar, al que todos están unidos, ya que los elegidos de todos los siglos y de todos los mundos tendrán su fruto.

Después de esto, al no tener nada más que hacer en este mundo, administrando Él mismo su partida, dispuesto a hacer descansar –Él, y no la muerte– la cabeza sobre el pecho, de modo que la corona lauree también su corazón; y al no tener por tanto, finalmente, nada más que mirar con esa mirada que se encuentra con el Misterio supremo,

JESÚS CERRÓ LOS OJOS

Otros libros de interés

"¡¡Sáquennos de aquí!!"
Prólogo de María Vallejo-Nágera
María Simma con Nicky Eltz

Como dice en el prólogo María Vallejo-Nágera, autora de *Entre el cielo
y la tierra. Historias curiosas sobre el
purgatorio:* "No se puede ni imaginar el pedazo de gema cuasi-perio-
dística que tiene en este momento
entre las manos, querido lector. Si
lo supiera se saltaría mi prólogo de
sopetón, pues nada de lo que yo
pueda adelantarle puede reflejar la
aventura espiritual y el descubri-
miento sobrenatural que le espera
entre las líneas de este magnífico
ensayo sobre la realidad de la existencia del purgatorio".

Mi posesión
Cómo fui liberado de 27 legiones
de demonios
Francesco Vaiasuso

A los cuatro años de edad algo terrible le ocurrió a Francesco. Desde
ese momento comenzó a sufrir
numerosas patologías que no tenían una causa clara, pero que con-
dicionaron penosamente su vida.
Muchos años más tarde, ya casado,
el encuentro con un sacerdote exor-
cista le hizo consciente del origen
maligno de todos sus males; ese
sería el inicio de una lucha sin cuar-
tel contra las fuerzas de la oscuridad hasta llegar a su liberación
completa. Un testimonio apasio-
nante de posesión diabólica, pero
sobre todo la lucha de un hombre y
su familia para ver la voluntad de
Dios detrás de sus sufrimientos.

La devoción al Sagrado Corazón de Jesús
P. Jean Croiset
Director espiritual de Sta. Margarita María de Alacoque

Por fin en castellano una versión actualizada de este clásico del siglo XVII que hasta ahora solo podía conseguirse como facsímil. Más de tres siglos después, se pone a disposición de todos los lectores una obra clave para comprender la importancia y la centralidad del Sagrado Corazón de Jesús en la vida interior de los cristiano. Fue escrito por el sacerdote jesuita Jean Croiset, director espiritual de santa Margarita María de Alacoque (1657-1690).

El manuscrito del purgatorio
Sor María de la Cruz

Este manuscrito son los apuntes tomados por sor María de la Cruz, que entabló durante muchos años misteriosas conversaciones con la que había sido su hermana en vida. En sus páginas encontraremos un testimonio sobre la realidad del purgatorio, sobre el momento de la muerte y el juicio. Pero es sobre todo una auténtica guía para alcanzar la santidad y tener vida interior de alguien que contempla la vida terrena ya desde la eternidad. Nos invita a todos a comprender mejor el gran amor que nos tiene Dios y la gran cantidad de gracias que derrama sobre nosotros.

La Comunión en la mano
Documentos e historia
Mons. Juan Rodolfo Laise

La Iglesia de nuestros días tiene una urgente necesidad de voces valientes que salgan en defensa de su gran tesoro, el misterio de la Eucaristía. Con este libro, Mons. Juan Rodolfo Laise, obispo emérito de San Luis (Argentina), ha sido uno de los que han hablado alto y claro en defensa del Señor en la Eucaristía, mostrando con razones convincentes la inconsistencia de la práctica moderna de la Comunión en la mano, desde una perspectiva histórica, litúrgica y pastoral. Mons. Laise tuvo el gran mérito de haberse opuesto a la introducción de esta práctica en su país, a pesar de quedarse como el único obispo de Argentina que rechazaba públicamente esa práctica litúrgica que consideraba tan dañina.

Solo seis meses de vida
Tres hombres en la última búsqueda de un milagro
Arthur Boyle

Este libro nos cuenta no solo la curación milagrosa de su protagonista sino su transformación espiritual, a la vez que nos habla de verdadera amistad y de familia. Desde su milagrosa curación en Medjugorje, Arthur P. Boyle ha viajado alrededor del mundo dando conferencias ante miles de personas en América y Europa, convirtiéndose en una fuente de inspiración para todos los que escuchan su historia.

Nuestra Señora de Kibeho
Immaculée Ilibagiza
Prólogo de María Vallejo-Nágera

La fama de Kibeho, en Ruanda, crece poco a poco; hasta este remoto pueblo africano llegan cada vez más peregrinos de todo el mundo para honrar a la Madre del Verbo, que es como se dio a conocer la Virgen en las apariciones que tuvieron lugar en la década de los 80. Tras varios años de estudio por las autoridades eclesiásticas, la Iglesia católica reconoció oficialmente que Nuestra Señora nos visitó realmente en este lugar, las primeras de toda África. La afamada escritora Immaculée Ilibagiza nos cuenta de primera mano una historia maravillosa, y en ocasiones dura, que llegará a conmover profundamente el corazón de los lectores.

El chico que hablaba con *Jesús*
Immaculée Ilibagiza

Una gran historia nunca contada antes: la de un chico que hablaba con Jesús, y que se atrevía a hacerle las preguntas más inocentes, a la vez que le cuestionaba sobre los temas que más han preocupado a la humanidad desde los orígenes del tiempo. Su nombre era Segatashya. Era un pastor, analfabeto, que provenía de una familia pagana de una de las zonas más remotas de Ruanda. Nunca fue al colegio, ni tuvo una Biblia en sus manos ni pisó una iglesia… pero sus palabras nos llenarán de alegría y calor, y prepararán nuestro corazón para esta vida y para la futura que no tendrá fin.

Buena noticia sobre el sexo y el matrimonio

Christopher West

Este libro, realizado en forma de preguntas y respuestas, explica los porqués que se encuentran detrás de la doctrina de la Iglesia, mos-trando la profunda belleza del de-signio original de Dios al crearnos varón y mujer. A lo largo de sus capítulos se responden, con total sinceridad, los principales temas y objeciones relacionados con la con-ducta sexual y el matrimonio plan-teados al autor en numerosos encuentros y conferencias. Fue san Juan Pablo II quien volvió a pensar y a presentar la doctrina de la Igle-sia sobre el sexo y el matrimonio de una forma muy profunda, original y revolucionaria.

En alas de mi ángel

Hermana María Antonia

La historia verdadera de una niña brasileña que vio y escuchó a su ángel de la guarda durante la mayor parte de su vida. Cecy Cony (1900-1939), más tarde Hermana María Antonia cuando entró en la vida religiosa, nos cuenta la historia de cómo su ángel de la guarda, a quien llamaba su "nuevo amigo", le ayudó durante su infancia y juventud a evitar todo lo que hacía sufrir a Jesús. Un libro lleno de anécdotas reales que son, a la vez, edificantes, conmovedoras y con frecuencia divertidas.